Derechos de autor © 2024 Jorge de Jesús Meraz Díaz y Silvia Franco Carbajal

Todos los derechos reservados®

Ninguna parte de este libro puede ser reproducida ni almacenada en un sistema de recuperación, ni transmitida de cualquier forma o por cualquier medio, electrónico, o de fotocopia, grabación o de cualquier otro modo, sin el permiso expreso de los autores.

Registro Público del Derecho de Autor No. 03-2024-021209581000-01

Diseño de la portada: Carlos Meraz Franco

A nuestros padres:
Por su amor, enseñanzas y presencia.

A nuestros hijos:
Por su inspiración, paciencia y alegría.

EL REGRESO DEL REY MIDAS

Con preguntas poderosas que transforman tus finanzas

Por Jorge Meraz y Silvia Franco.

ÍNDICE

Introducción

Prólogo

I. LAS CREENCIAS
   1. El dinero
   2. Lo aprendido
   3. El entorno
   4. La riqueza
   5. La pobreza
   6. La relación
   7. La energía

II. EL INGRESO
   8. El trabajo
   9. El salario
   10. La diversificación
   11. El equilibrio
   12. La suerte

III. EL GASTO
   13. Lo invisible
   14. El lujo
   15. El derroche
   16. La escasez
   17. La disyuntiva
   18. El presupuesto

IV. EL CRÉDITO
- 19. El préstamo
- 20. La tarjeta de crédito
- 21. La deuda
- 22. El interés compuesto

V. EL AHORRO
- 23. Lo informal
- 24. La certeza
- 25. El retiro
- 26. La libertad financiera
- 27. La divisa

VI. LA INVERSIÓN
- 28. El negocio
- 29. Los bienes raíces
- 30. La bolsa
- 31. El riesgo
- 32. El mundo
- 33. El balance de tu vida
- 34. El sentido del dinero
- 35. La educación

INTRODUCCIÓN

Cuando decidimos escribir este libro, traíamos ya muchas ideas sobre la importancia de las finanzas y el impacto que había traído a nuestras vidas. Habíamos pasado por el emprendimiento, la pandemia y la falta de trabajo, lo que nos hizo reflexionar y ponernos en acción para superar las crisis que estábamos viviendo.

Aunque nuestra formación profesional está estrechamente ligada a las finanzas, de ningún modo garantizaba el éxito económico porque este, depende de muchos más factores. Creemos que la educación continua es determinante, así que nos hemos dado a la tarea de profesionalizarnos cada vez más con cursos, diplomados, certificaciones y todo la capacitación que nos hiciera sentido.

Hemos encontrado en el Coaching, la Mayéutica (el arte de hacer preguntas) y la PNL (Programación Neurolingüística), los fundamentos que dan origen a estas páginas. Son herramientas muy poderosas para crear consciencia y hacer que emerjan las respuestas adecuadas a todas nuestras inquietudes

Ya hemos recorrido un largo camino como facilitadores, coaches, asesores financieros, capacitadores, creadores de contenido, incluso desarrollamos un juego de finanzas. Aunque siempre creímos que nos hacía falta la "cereza del pastel", el libro que tienes hoy contigo.

Fuimos inspirados por muchas historias de superación de emprendedores, conferenciantes y escritores. Y cuando nos tocó a nosotros el momento de ponernos a prueba y superar la adversidad, tuvimos cientos de enseñanzas que también quisimos compartir a través de un mensaje, no sólo educativo sino también inspirador.

Creemos que el estrés económico es una enfermedad que puede y debe ser erradicada. Si estás en este momento intentando superar una crisis financiera, esperamos que en este texto encuentres nuevas ideas y nuevas puertas que cambien tu realidad.

Las preguntas que encontrarás en cada capítulo, están pensadas detalladamente para obtener respuestas que permitan reflexionar, ampliar tu panorama y poder tomar mejores decisiones respecto al uso del dinero.

Estamos muy emocionados de que empieces este viaje a través de las siguientes páginas. Deseamos que al profundizar en cada tema, encuentres el "elixir" del alquimista, pongas a trabajar toda esa riqueza en acción y te conviertas en el héroe de tu propia historia de superación.

Ahora, sólo déjate tocar por el rey Midas…

PRÓLOGO

En el vasto mundo de las finanzas, existen incontables libros que nos enseñan a gestionar nuestro dinero, invertir con inteligencia y planificar nuestro futuro económico. Sin embargo, este libro pretende ser algo más. No sólo busca proporcionar las herramientas necesarias para alcanzar la libertad financiera, sino también por medio de preguntas, inspirar una transformación personal que te permita vivir una vida plena y significativa.

Imagina un viaje donde cada paso que das te acerca no sólo a tus metas económicas, sino también a tus sueños más profundos. Este libro es una invitación a ese viaje como el del Rey de Frigia, Midas, quién convertía en oro todo lo que tocaba. Es una guía que combina conceptos prácticos sobre finanzas con principios inspiradores que han sido probados por aquellos que han logrado la riqueza, la satisfacción y el propósito en sus vidas.

A lo largo de estas páginas, encontrarás historias de personas comunes que, a través de la disciplina, la visión y la pasión, han alcanzado niveles extraordinarios de éxito financiero. Sus experiencias te demostrarán que no importa de dónde comiences; lo que importa es tu determinación y la acción constante hacia tus objetivos.

También descubrirás estrategias financieras prácticas que puedes implementar de inmediato, sin importar tu nivel actual de conocimiento o recursos. Desde la elaboración de un presupuesto efectivo hasta la inversión en mercados globales, cada capítulo está diseñado para equiparte con las herramientas necesarias para tomar el control de tu futuro financiero.

Pero más allá de las técnicas y estrategias, este libro pretende encender una chispa en ti. Una chispa que te motive a ver las finanzas no sólo como una serie de números y cálculos, sino como una vía para construir la vida que siempre has deseado. Una vida llena de libertad, posibilidades y, sobre todo, significado.

A medida que avances en esta lectura, te animamos a reflexionar sobre tus propias metas y sueños. Deja que las historias y los principios compartidos aquí te impulsen a tomar decisiones audaces y a perseguir tus aspiraciones con renovada energía. Recuerda, la verdadera riqueza no reside únicamente en la acumulación de bienes materiales, sino en la capacidad de vivir una vida en consonancia con tus valores y pasiones.

Así que, con el corazón abierto y la mente dispuesta a aprender, te invitamos a comenzar este viaje. Un viaje hacia la transformación financiera y personal. Porque al final del día, la verdadera prosperidad es aquella que te permite, además de alcanzar tus metas económicas, vivir la vida que siempre has soñado.

Bienvenido a esta aventura inspiradora.

LAS CREENCIAS

Ha llegado el momento de expandir tus pensamientos.

El dinero

La gente regularmente no habla del dinero. Es un tabú, que aún en la sociedad moderna, incomoda.

La consecuencia de no tener una buena educación financiera es tener finanzas enfermas. ¿Qué es esto? Bueno, pues tiene que ver con no prestar la atención debida a un asunto de gran relevancia y que afecta otros aspectos de nuestra vida: salud, familia, trabajo, educación, relaciones sociales, etc.

La invitación de este libro en las siguientes páginas será, que te cuestiones todo aquello que has aprendido, heredado o asumido. Pero hay otra perspectiva que quizá, aún no has explorado y está a punto de emerger.

Las siguientes preguntas tienen cómo propósito, en efecto, que reflexiones en temas que te incomodan o que simplemente, nunca te habías cuestionado. En definitiva, que llegues a tus propias conclusiones y no a las que han sido impuestas por otros en tu subconsciente. Te has preguntado en algún momento: ¿Cuál es tu creencia limitante sobre el dinero que te impide tenerlo?

Lo que hemos aprendido del dinero de nuestros padres, educadores, amigos, colaboradores, gobernantes, clérigos, rabinos, pastores, mentores, etc., en la mayoría de los casos llevaba buena intención. Pero ha sido una mirada estrecha, un tanto miope que nos llevó a dogmatizar esas ideas. Este libro te permitirá descubrir una nueva concepción de lo que el dinero es, más fresca, tal vez más audaz pero reveladora.

Tener el control sobre la herramienta más poderosa creada por el ser humano, el dinero, te permitirá no sólo ampliar tu perspectiva del mundo sino que además, te generará confianza en varios aspectos tan relevantes como: la toma de decisiones, la planeación del futuro y la gestión de recursos.

Elige un espacio de tiempo, todos los días, para educarte sobre temas financieros. Comenta tus descubrimientos con tu familia, en el trabajo, con tus compañeros y amigos. Cada vez te empezarás a sentirte más cómodo hablando del tema y lo mejor, podrás alcanzar tus deseos más rápidamente.

La invitación en este primer ejercicio, es que resuelvas las siguientes preguntas de la manera más honesta posible. Lo primero que llegue a tu mente. Nuestra sugerencia es, que las respondas todas, antes de pasar al siguiente tema. Confía en tus talentos, habilidades y experiencia. Recuerda que no hay respuesta buena o mala. Sólo eres tú, con todas las posibilidades que se avecinan. ¿Estás listo para el desafío?

¿Qué es el dinero?

¿El dinero es bueno o malo? ¿Por qué?

¿Qué significa para ti el dinero?

¿El dinero es limitado o ilimitado? Explica.

¿Es el dinero energía? Comenta.

®*Coach Cards*

Lo aprendido

Lo poco que se habla sobre el dinero es, regularmente, lo que se aprendió en casa.

En nuestro subconsciente se almacena una enorme cantidad de recuerdos. Recuerdos que nos provocan emociones y conductas, y por consecuencia, nos han llevado a las relaciones que hemos tenido, los empleos o negocios que hemos conseguido y el patrimonio que logramos.

Hemos estado condicionados desde la niñez, acerca de lo que son las finanzas. Y esta programación mental, aún sin quererlo, nos conduce a realizar ciertos patrones de conducta y toma de decisiones.

Nuestros abuelos lo transmitieron a nuestros padres, y ellos a nosotros, (que igual lo haremos con nuestros hijos), una serie de creencias sobre el significado del dinero. Estas creencias (que en realidad son sucesos del pasado que se repiten en nuestra mente), nos causan distintos tipos de emociones: ansiedad, tristeza, enojo, alegría, seguridad, etc., que se convierten en convicciones.

Si en tu casa se vivió escasez, tu interpretación acerca del dinero podría ser: "es difícil conseguirlo". Si por el contrario, en tus primeros años percibiste un sentido de abundancia en tu hogar, tal vez tu interpretación hoy sea: "hay suficiente riqueza para todos". O quizá en ambos casos sea: "la gente no me valora por lo que soy, sino por lo que tengo".

Los extremos de riqueza y pobreza, generosidad y mezquindad, son simplemente conceptuales, pero han polarizado a la sociedad actual. La educación financiera debería ser parte de la formación académica desde la etapa más temprana. Suponemos que es la solución.

Ese es tu reto hoy. Tener una mejor relación con el dinero, no importando cuales hayan sido las ideas que aprendiste en tu niñez. Es posible cambiar tus concepciones, sentimientos y acciones sobre este tema. ¡Por supuesto que es posible! (y además es tu responsabilidad).

Nuestra recomendación es, comienza por adquirir la mayor cantidad de información sobre educación financiera a través de libros, audios, videos, conferencias y cursos. En estos días, es más fácil que nunca tener acceso a ellos. Recuerda: "Vacía tus bolsillos en tu cabeza y tu cabeza llenará tus bolsillos".

De alguna forma, ya has dado un gran paso al adquirir este libro, por lo que te instamos a que lo termines hasta el final, lo recomiendes y resuelvas todas sus preguntas. ¿Por qué no empiezas con las siguientes?

¿Cuál es tu primera memoria respecto al dinero?

Completa la frase: "Mis padres me enseñaron que el dinero es…"

Completa la frase: "Cuando hablo de dinero me siento…"

Completa la frase: "Mi problema con el dinero es…"

¿Qué comentarios escuchaste de tus padres y abuelos respecto al dinero?

®Coach Cards

El entorno

En el tema anterior, comentamos la influencia que han tenido las personas más cercanas sobre nuestro entendimiento acerca del dinero. Con los años, también vamos conociendo más gente que ejerce cierta influencia en nuestras creencias económicas.

Con la experiencia y la madurez, nos volvemos más selectivos con nuestras relaciones interpersonales. Hay quien nos inspira. Por ejemplo, en la escuela pudimos apreciar con una nueva mirada, aquellos alumnos destacados por sus altas calificaciones. Tal vez ahora en el trabajo, tengamos una perspectiva distinta de aquellos colaboradores que destacan por su productividad o desempeño, generando un sentimiento de admiración.

Por el contrario, hay quien nos generó aversión. En el pasado conociste algún vecino que "enchueco el camino" y cayó en las drogas. Era un haragán o simplemente se mantuvo en su zona de confort ya pasados los 30 años de edad. Y por alguna extraña razón, se incorporó a la vida productiva y hoy es un exitoso empresario. Muchos conocemos historias como esta, ¿cierto?

"Nada está escrito en piedra", y la vida no es lineal. Lo importante es elegir a las personas que en este momento consideras correctas, para que se vuelvan tus mentores. No todos los que obtuvieron el éxito en el pasado lo han perpetuado al día de hoy y viceversa. La inspiración (provocar una idea), es un conductor indudable de la motivación (energía en movimiento), que esta a su vez te lleva a la acción.

No todo es blanco y negro. Ni el rico es tan rico como se piensa, ni el pobre tan pobre. La conclusión de esta reflexión es que tender a extrapolar en términos financieros, puede ser un error que nos limite en cuanto a nuestras creencias de mejorar económicamente. Dicho en otras palabras, partamos de una gama de tonalidades grises, de un punto intermedio que nos permita seguir mejorando en nuestra aspiraciones.

Está bien que admires a súper millonarios y sus historias de éxito, pero también es fundamental partir desde tu realidad actual. El reto es mejorar la situación que estás viviendo, sin comparaciones. Se trata de competir contigo mismo, estableciendo grandes metas pero logrando pequeños éxitos cada día. Reconoce tu avance, sé disciplinado y obstinado.

Y cuando lleguen las dudas, voltea atrás y valida tus logros. Dónde estabas antes y dónde te encuentras hoy. Vuelve al camino confiando en tus talentos y habilidades. Enfócate y persiste. La constancia en el trabajo dará su recompensa en el tiempo debido.

Por último, no olvides rodearte de personas extraordinarias pero principalmente, entusiastas.

Tú eres el resultado de las 5 personas más cercanas, ¿qué dicen respecto al dinero?

¿De qué forma se podrían comercializar tus habilidades y talentos?

"Soy muy inteligente y talentoso. Debería de tener más dinero". ¿Qué opinas?

¿Te gustaría ser millonario? ¿Cómo quién?

¿Te consideras rico o pobre? ¿Por qué?

®Coach Cards

La riqueza

Quien tiene un departamento, desea una casa. Quien tiene una casa, desea una mansión. Quien tiene una mansión, desea un castillo y así sucesivamente. ¿Por qué sucede este fenómeno de insatisfacción continua o ambición desmedida? Los seres humanos buscamos siempre superarnos, es el impulso de vida. Pero la interpretación y lo que sentimos al respecto sobre esta búsqueda por mejorar, es la que define nuestros niveles de felicidad.

En otras palabras, observar la mayor parte del tiempo lo que se tiene en lugar de lo que se carece, provoca una sensación de satisfacción y en el mejor de los casos, de plenitud. Estamos midiendo todo el tiempo las "arcas de nuestro granero", nuestros bienes y logros que debieran ser orgullo y validación personal.

El agradecimiento es una práctica común de la gente que vive en bonanza, (no importa cuánto dinero tengan). Dar gracias de manera continua, genera una sensación de bienestar. Y esta sensación se manifiesta de múltiples formas como alegría, productividad, optimismo o creatividad, que son factores esenciales para el logro de objetivos.

Nuestra balanza debe ajustarse correctamente entre lo que deseamos y lo que necesitamos. Este equilibrio, también lo debemos establecer nosotros mismos y nadie más. Por ello, el concepto de riqueza no es universal y va depender de lo que piense cada uno de nosotros derivado de sus creencias y experiencias. No hay definición correcta o incorrecta.

Ni la riqueza es una bendición, ni la pobreza una maldición. Cuando se piensa de esta manera, ya no hay nada que hacer. El destino jugó sus "dados" y nuestro porvenir ya está marcado para siempre. Pero la vida cambia constantemente, las personas son generadoras de ese cambio y nuestra propuesta es que tú también generes el tuyo.

Todos conocemos algún millonario o hemos escuchado hablar de alguno. Y probablemente hayas realizado una comparativa entre sus bienes y los tuyos. Quizá pienses que tiene todos los problemas resueltos en su vida (pues en sus fotos siempre sale muy sonriente). Tal vez deduzcas que su felicidad no tiene límites y que la suerte "lo ha perseguido" en toda su trayectoria empresarial.

Te sorprendería que te diga que no es así. Sus preocupaciones y problemas, también están en proporción al tamaño de su patrimonio. Si actualmente, los ingresos de algún conocido también son mayores que los tuyos, puede ser derivado de distintas circunstancias: haber corrido un mayor riesgo, mejor preparación profesional, capacidad de resolución de problemas, abstención de la recompensa inmediata o quizá "buena fortuna".

En cualquier caso, nada está garantizado de que así sea perpetuamente. Por ello, aprende de su experiencia, imita lo que han hecho bien y mejora cada día. Identifica las oportunidades del entorno. Observa donde existe mayor demanda de lo que sabes hacer, sé disciplinado y relacionate con aquellos que comparten tus metas.

Reflexiona en esta frase de San Agustín: "Rico no es el que tiene más, sino el que menos necesita".

¿Qué opina la gente rica respecto a su destino?

¿Por qué está ligada la riqueza a la felicidad?

"La gente rica practica el optimismo". ¿Qué opinas?

Completa la frase: "Los ricos son personas…"

¿Conoces algún millonario? ¿Quién?

®Coach Cards

La pobreza

Partiendo de la idea de que el dinero es un invento del ser humano, entonces es y seguirá siendo, un tema conceptual. Tener mucho o poco dinero en la cuenta de banco, siempre se traducirá sólo en cifras. Sin embargo, la interpretación que se da de estas, es la que nos puede provocar estados de ánimo alterados.

En la antigüedad, la riqueza era medida por la cantidad de bienes que un señor feudal o un monarca tenía bajo su resguardo. Incluso antes de que el dinero fuera inventado. El terreno, las joyas, obras de arte, armas, vestimenta, carruajes y todo tipo de comodidades, marcaban una clara diferencia entre los privilegiados y una clase social compuesta por comerciantes, militares, campesinos o incluso esclavos.

Tal vez pienses que las cosas no han cambiado mucho desde entonces. Pero la realidad es que sí. En la actualidad puedes tener más bienes, que incluso los que un faraón pudo haber heredado. Servicios como agua, luz, drenaje y transporte, que cualquier sultán hubiera envidiado. Atención médica, que cualquier emperador hubiera dado una gran parte de su reino por tenerla. Acceso inmediato a la información global, que príncipes y reyes jamás hubieran soñado.

Entonces, ¿sigue o no existiendo la pobreza? También la respuesta es sí. Aún en los tiempos modernos, hay personas con alto rezago educativo, que cuentan con una vivienda precaria y la falta de servicios básicos, salud y alimentación deficiente. Pero si tú, no te encuentras en estas circunstancias y sigues creyendo que estás en la pobreza por carecer de los lujos que otros tienen, el problema entonces, está siendo de interpretación.

La pobreza se puede definir en términos generales, como la falta de recursos, ya sean financieros, intelectuales, laborales, de infraestructura o de relaciones humanas. Los gobiernos de las naciones tienen entre sus principales responsabilidades, fomentar y acercar estos recursos a los ciudadanos. Entonces, si muchos de estos se encuentran al alcance de la comunidad, ¿por qué no son aprovechados por igual?

La respuesta deriva de una sencilla decisión: "espero a que me den o busco cómo obtenerlo". La segunda opción por supuesto, requiere un análisis más complejo, esfuerzo disciplinado y cambio de paradigmas. Hoy la sociedad se está transformando vertiginosamente y las oportunidades aparecen (y también desaparecen), a una velocidad también inusitada.

Es verdad, también existen factores que debes sortear como la procrastinación, el sabotaje, el desánimo, la falta de concentración, la visualización negativa, las creencias limitantes y la carencia de propósito. Tener la capacidad de identificarlos y estar alerta para su definitiva erradicación, suele ser un puente que te trasladará del estado actual al estado deseado.

¿Qué quieres realmente? ¿Con qué talentos y habilidades cuentas? ¿Qué recursos adicionales necesitas? ¿Dónde están dichos recursos? ¿A quién deberías conocer? ¿Qué obstaculiza tu progreso? ¿Cómo lo vas a lograr y en cuánto tiempo? Además de estas preguntas clave, intenta resolver también las siguientes.

◆ ◆ ◆

"La gente pobre se enfoca en los problemas". Comenta.

"La gente pobre sólo pone pretextos para justificar que no se pueden hacer las cosas". Comenta.

¿Qué opina la gente pobre respecto a su destino?

¿La gente pobre es más feliz? Explica.

¿Cuál es la diferencia entre humildad y pobreza?

®Coach Cards

La relación

En páginas anteriores hemos comentado lo que aprendimos sobre el dinero, y en este momento, toca hablar sobre la relación que llevamos con el mismo derivada de esa información. La educación recibida en las escuelas sobre cuestiones financieras (cuando en el mejor de los casos es llevada a las aulas), es desactualizada, frágil y limitada.

Si en su mayoría, la solución de los problemas actuales se resuelven con dinero (alimentación, vivienda, transporte, vestido, recreación, infraestructura, inversiones, impuestos, empleos, etc.), ¿por qué no es una asignatura esencial en las escuelas, desde los niveles más básicos hasta la universidad?

Lo aprendido, la fuente de información que hemos recibido, proviene de una tradición oral que está impregnada de creencias erróneas, conformistas y limitantes. ¿No estás ya harto de tener que lidiar con temas económicos en tu vida, derivados de estas premisas colectivas y generalmente aceptadas.

Cómo podrás haber observado, deducido y analizado, muchos empresarios han buscado distintos recursos, poco ortodoxos pero con resultados favorables para sus propósitos. No creemos que tengan que ser ilegales, pero sí disruptivos a todos esos antiguos conceptos sobre el entendimiento y uso que se le da al dinero.

En una gran sociedad de consumo como la nuestra, el adecuado manejo de las finanzas exige tener que desmitificar de una vez por todas, lo mágico, lo espiritual o fortuito del dinero. Un conocimiento sólido, continuo y fundamentado te permitirá llevar tu relación con el dinero al siguiente nivel (y este a su vez al siguiente y así sucesivamente).

En conclusión, el dinero no es bueno ni malo. Pero si tuviéramos que elegir, sin duda que sería bueno. Difícil es pensar que culturalmente vayan a cambiar en el corto plazo, las ideas obsoletas sobre la economía (no importa en que país vivas). Cuestionate por un momento, si tienes lo suficiente para resolver aquellos desafíos que la vida te está presentando.

Cuestionate también, si existe una emoción que te impida: ponerte en marcha para desarrollar un proyecto de emprendimiento, solicitar un aumento de salario, conseguir una fuente alterna de ingresos, vender más de tu producto o servicio. Ya que la hayas identificado, intenta aislarla hasta que ya no tenga más injerencia en tus decisiones financieras.

El siguiente paso será, tu compromiso para saber más, educarte ya sea en una institución o por tu cuenta, en temas económicos que te permitan entender con mayor claridad, cómo funciona el mundo (sí material) y su dinamismo. Y recuerda, si deseas hacer el bien, produce, multiplica y reparte el dinero, que en estricto sentido, ese su auténtico valor.

"El dinero no puede comprar la felicidad". ¿Qué opinas?

"El dinero sólo trae problemas". Comenta.

"Pobre pero honrado". ¿Qué opinas?

¿Quién es una persona mezquina?

¿Recuerdas alguna buena acción que hayas realizado con el dinero?

®*Coach Cards*

La energía

¿Qué sentido tendría el dinero sino pudiéramos adquirir los productos y servicios que deseamos o necesitamos? Es por eso que, poder conseguirlo implica un esfuerzo (ya sea mental o físico), que nos impulse a lograr nuestros objetivos. ¿Cuántas veces has escuchado que el dinero es energía? Pues esa energía es derivada de cada individuo que la utiliza para comprar, ¿qué?, ¡prácticamente cualquier cosa!

También esa energía puede provenir de la experiencia y significado que hayas tenido con el dinero. Por ejemplo, ¿qué emoción te generó entonces (y te genera actualmente), eventos como un asalto, ganar un premio, recibir una herencia, la quiebra o el éxito de un negocio, etc.? Pues precisamente, muchas de las decisiones que hemos tomado acerca del dinero, han provenido del subconsciente, es decir, de lo que recordamos del pasado.

Hasta este punto ya sabes, cómo tuvo una gran ingerencia tus pensamientos, emociones y creencias sobre tu relación con el dinero, para haberte traído a la circunstancia en la que actualmente te encuentras. Tal vez sea momento de cuestionárte y, en caso de que no estés conforme con lo que estás viviendo, empieces con un cambio profundo (que tal vez sea doloroso), pero que te permita salir de ese estancamiento económico que ya se ha prolongado por mucho tiempo.

Seamos claros, la energía no está en el dinero. La generas tú, con tu percepción y acción. No hay atajos mágicos. Tampoco la respuesta se encuentra en las redes sociales o en los de "hacedores de lluvia". Se genera con trabajo, estudio, disciplina, persuasión, voluntad, colaboración, incluso cometiendo errores (y aprendiendo de ellos).

Es muy sútil la línea de pensamiento que existe, entre creer que alguien tiene dinero en exceso, y que realmente así sea. No estamos diciendo que no existan auténticos millonarios. Pero la sociedad contemporánea invita al gasto en artículos y experiencias (que muchas veces ni queremos ni necesitamos), que provoquen que "encajemos" en un status quo fuera de nuestro alcance y posibilidades sólo por el sentido de pertenencia.

Si eres observador, te darás cuenta de que existen incontables clubes de "riqueza" que, abusando de la necesidad de aceptación y de una endeble educación financiera de las personas, con técnicas psicológicas de manipulación, les persuaden a invertir tiempo y recursos financieros (que a veces ni se tienen), para consolidar sus "pirámides de abundancia".

Aunque por otro lado, el filántropo que desea ayudar de manera desinteresada a la gente que se encuentra en rezago financiero, sino cuenta con los recursos necesarios, sus buenas intenciones no bastarían. Es cierto, en ocasiones la ayuda en especie, puede ser útil y no por ello, menos valorada. Pero el dinero seguirá siendo el vehículo más práctico y veloz, para la realización de metas y superación de dificultades.

Desházte de una vez por todas de mitos y juicios. Todos tenemos la capacidad de poder generar el suficiente dinero para atender necesidades, gustos y multiplicarlo. Continúa leyendo las páginas de este libro que te llevarán hacia nuevos desafíos. Intenta responder las siguientes preguntas.

¿Qué opinas de las personas que aparentan ser ricas sin serlo?

¿Cuál es la relación que guarda la moral con el dinero?

¿Quién es la persona más generosa que conoces?

¿Cuál es la relación que guarda el dinero con el éxito?

"Si tus sueños dependen del dinero, que baratos son". Comenta.

®Coach Cards

EL INGRESO

*Diferentes fuentes de ingreso te garantizan
que el dinero siempre fluya.*

El trabajo

El trabajo es la actividad que por naturaleza, caracteriza la esencia del ser humano. Es a través del esfuerzo, ya sea mental o físico, que podemos obtener una remuneración. También es la expresión de nuestras emociones y la materialización de las ideas. Es en concreto, el progreso de las civilizaciones que ha ido desde lo rudimentario hasta lo tecnológico.

Y es por medio de la asociación de los individuos, que el trabajo adquiere un carácter distinto, pluridimensional. Estas sociedades observan las necesidades que hay en su comunidad y para satisfacerlas, surgen las empresas. Reflexiona un poco: para una sola persona sería imposible poder atender dichas necesidades. Esa es la razón por la que tal vez, en este momento te encuentres en una organización laborando.

El trabajo de todos es muy relevante. Al generarse distintas disciplinas, se crea la oferta y demanda de los bienes y servicios. Cada uno de nosotros genera un valor fundamental para la sociedad y es en la peculiaridad de tu trabajo, es decir en lo que haces mejor que otros, que podrás aspirar a crecer en la escala organizacional o en el mercado que atiendes.

La cadena productiva se basa en que, recibes un ingreso por tu trabajo y a su vez, podrás pagar el trabajo que recibes de otras personas. La velocidad con que realices tu producción y la cantidad de consumidores a los que llegues, determinará de igual forma la cantidad y velocidad en que recibirás dicho ingreso (más vendes más ganas). Aunque sabes que si tienes una relación patronal, dicho ingreso tendrá un límite.

El trabajo puede estar remunerado de acuerdo a los estudios universitarios, técnicos, destrezas, capacitaciones, experiencia, etc. Si patrón y trabajador llegan a un acuerdo, los derechos y obligaciones quedarán estipulados en un contrato, pues es la voluntad de ambos (y su trabajo por supuesto), que se buscará el beneficio mutuo (ganar-ganar).

Otras personas por el contrario, correrán el riesgo de deshacerse de este "techo" salarial, y emprenderán un proyecto autónomo también con la intención de proporcionar un servicio distintivo, aumentar la demanda y generar mayor ingreso.

Trabajar para otros, para tí o que otros trabajen para ti, son distintas formas de obtener recursos. Es importante en este momento que analices si estás conforme con lo que ganas y cuestionarse de qué otras formas puedes obtener más dinero. Lo ideal, claro está, será tener un trabajo que te apasione y te provea con lo suficiente para satisfacer tus necesidades (del tipo que sean).

El gran reto será replicar modelos de éxito y mejorarlos (porque a diferencia de la escuela, aquí sí se vale copiar). Pregúntate, ¿qué están haciendo otros? y también ¿cómo podrías llevarlo a cabo? ¿Dónde agregarías valor con tu trabajo? Ahora intenta resolver las siguientes cuestiones.

¿El dinero trabaja para ti o tú para el dinero? Comenta.

¿Hay algo más aburrido que ganar lo mismo cada mes ¿Qué opinas?

¿Has trabajado alguna vez sólo por dinero? Explica.

¿Cuál es la relación que guarda el trabajo con la riqueza?

¿Trabajando más duro se obtiene más dinero?

®Coach Cards

El salario

Puede que seas un empleado y obtengas un salario. Quizá seas un emprendedor y hayas decidido establecer tu cuota de ingreso. O tal vez seas un empresario y tengas personal a tu cargo al cual tengas que pagarle. Para cualquiera de los casos, el salario seguirá siendo una medida de remuneración por el trabajo realizado.

La mayoría de la población en el mundo, se encuentra en la primera categoría: son empleados, y pueden recibir su sueldo de manera periódica (semanal, quincenal, mensual). También pueden recibir otros productos fruto de su trabajo como fondo de ahorro, aguinaldo, prima vacacional, vales de comida, gasolina, educación, deporte, recreación, (incluso experiencia laboral), que puedan complementar su sueldo y permitan una permanencia más productiva y de largo plazo en la organización.

Un porcentaje menor, se autoemplea. Esto es, está dispuesto a "sacrificar" temporalmente la seguridad de un sueldo recurrente, pues considera que tiene la capacidad de proyectar mayores ganancias con sus conocimientos y habilidades. Es un negocio propio (que en lo general le apasiona y motiva a correr mayores riesgos). Ya ha identificado una necesidad y pretende satisfacerla a cambio de recibir un pago, que en el tiempo, tienda a ser mayor que los sueldos promedio de su profesión.

Y en menor escala se encuentran los empresarios quienes, derivado de un crecimiento en su negocio y ante la imposibilidad de atender las demandas del mercado personalmente, recurren a la contratación de personal para cubrir los diferentes roles en su organización, a cambio del pago de un sueldo. Sus ganancias financieras (incluído el sueldo que propiamente se asigne), serán utilidades, dividendos y rendimientos que generen.

Actualmente se ha incrementado el pago por proyecto, que por su practicidad permite tener la certidumbre del dinero que se va a recibir, al establecer contractualmente los derechos y obligaciones de los nuevos negocios. La ventaja de este formato es que, se pueden tener diversos clientes, que permitan un mayor ingreso al realizar la misma actividad en la que eres experto.

Una variable importante a tener en cuenta en los salarios, son los impuestos. Se realiza una disminución considerable en el ingreso, para cumplir con las contribuciones hacendarias. Reflexiona un poco: la tercera parte de lo que recibes, se diluye antes de poder cobrarla para pagar los servicios públicos. Por ello, implementar estrategias fiscales, siempre serán útiles para recobrar una proporción de esa cantidad. De ello hablaremos un poco más adelante.

Tradicionalmente, el salario ha sido acotado con el desempeño de una actividad de ocho horas, cinco días a la semana. Tal vez, al leer estas páginas, sea el momento de reflexionar sobre si esta es la mejor opción de obtener un ingreso. Es momento de dejar de lado la creencia de que, permanecer dicho tiempo en la oficina o la fábrica, garantizará mes a mes tu manutención. La relación tiempo-dinero debiera ser más productiva.

¿Por qué los salarios son tan diferentes?

¿Cómo prefieres que te paguen? ¿Por proyecto o por hora?

¿Cuál fue tu emoción al recibir tu primer sueldo?

¿Sabes cuánto ganas por hora? ¿Por qué?

¿Qué haces con el aguinaldo?

®Coach Cards

La diversificación

Simplemente asimilar la idea y ponerla en acción, da paso a un crecimiento de la economía de los países, y por consecuencia, al bienestar de sus habitantes. Eso es la diversificación del dinero. Aunque de manera tradicional, se ha establecido tener una sola fuente de ingreso derivada de una actividad laboral. Esto va en contra del desarrollo sustentable de las naciones.

No es limitativo tener en la vida un sólo ingreso, o dos. En realidad no existe un parámetro al respecto, y si lo hubiera, sería sólo por el tiempo o capacidad física que le puedas dedicar a distintas actividades. Estás a un pensamiento de mejorar tus finanzas. Seguro que han pasado algunas ideas por tu mente: un negocio, una asesoría, impartir clases, venta de productos y servicios, incluso divertir o entretener a la gente. Pero hubo algo o alguien que te obstaculizó.

Dedicar nuestro esfuerzo y habilidad a realizar un trabajo en el que fuimos preparados académicamente, es lo comúnmente aceptado. O peor aún, puede ser que tengamos un trabajo porque fue "el primero que encontramos". No te conformes, tienes talento. Y no permitas que detengan tu progreso frases como: "Hay una fila enorme de candidatos allá fuera, que quisieran tu puesto y la mitad de tu sueldo".

Un pensamiento disruptivo acerca de recibir dinero de distintas actividades, no se contrapone a ninguna actividad que realices en este momento. Y hay que dejarlo muy claro, no es ilegal, ni desleal y menos inmoral, realizar distintas actividades que te permitan incrementar tu patrimonio. Por el contrario, puedes dar más empleo, atraer divisas, contribuir con la obra pública al pagar tus impuestos, etc.

El siguiente tema que abordaremos, ingresos pasivos, te dará algunas ideas de cómo ampliar tus ganancias, sin que tengas que estar de manera presencial en un negocio. Cómo verás, es sólo cuestión de generar ideas innovadoras que te coloquen en el camino de la generación de abundancia.

Cuando tengas ingresos adicionales, evita gastarlo todo y concéntrate en iniciar un negocio. Si ya lo tienes, intenta reinvertir esas ganancias para crecerlo. No se trata de vivir una vida limitada de diversión o esparcimiento. Asignale un porcentaje a pagar por lo que tanto has deseado y te has esforzado en conseguir (por ejemplo el 5% para lujos). Recompensarte sin excesos te permitirá ir logrando metas más altas, complejas y desafiantes.

Emprender, no necesariamente significa "quedarte en la calle". Un plan de negocios adecuado, con un presupuesto real pero alcanzable, a través del ahorro sistemático, puede ser el inicio de un gran proyecto. Empieza combinando tu actividad actual con tu emprendimiento. Dedícale esfuerzo y sé disciplinado. Date un tiempo para pensar los distintos escenarios que te "catapultarán" hacia su materialización. Piensa más en la satisfacción del logro conseguido y la necesidad que cubrirás, pues el dinero llegará por consecuencia.

Si el dinero no fuera problema, ¿qué negocio emprenderías?

¿Pueden ser las ideas innovadoras generadoras de riqueza? Explica.

¿Cuántas fuentes de ingreso tienes? ¿Cuáles son?

¿Qué haces cuando tienes dinero extra?

¿Cuál es el resultado de comprar barato y vender caro?

®Coach Cards

El equilibrio

Encontrar el equilibrio tanto en la vida como en las finanzas, es el reto que tenemos como seres humanos. "Ni muy muy, ni tan tan", es una frase coloquial para ejemplificar que no te vayas a los extremos. Se debe ahorrar pero no privarse del disfrute de ese ahorro. De postergar la recompensa inmediata pero aprovechar las oportunidades que se nos presentan en este momento. De pensar en el largo plazo pero vivir el presente.

Trabajas pero también gozas de unas vacaciones. A veces te llevas un café y un sándwich para comer en la oficina, y otras, cenas en un restaurante de lujo. Y programar un presupuesto para cada actividad, es lo más relevante que puedes hacer para tener finanzas sanas. Anticiparse acerca de cuánto vas a recibir, qué compromisos tienes y qué hacer con lo demás, te dará certeza y tranquilidad para controlar tu dinero.

Entonces, tienes tus ingresos: separas, categorizas y decides. Siempre habrá una disyuntiva acerca de cuál es la mejor decisión financiera. Ya no te preocupes por lo que has decidido en el pasado. Todos cometemos errores. La lección debe estar encaminada a realizar una evaluación más consciente de los pros y contras, antes de desprenderte de tu dinero. Hazle como los japoneses: "mantén tu dinero contigo el mayor tiempo posible".

El ahorro siempre será una buena idea. Ya sea para construir un fondo de emergencia, cumplir metas de largo plazo (por ejemplo tu libertad financiera), utilizarlo en inversiones, iniciar un negocio, o quizá para pagar deudas. A este respecto, piensa en lo siguiente: es mejor tener un capital para hacer frente a imprevistos, que tener que recurrir a pedir prestado para después mortificarse porque no sabes como lo pagarás.

O te ajustas al ingreso que tienes actualmente o generas más, "allí está el dilema". Cuando ya no puedas "recortar" más tus gastos, seguramente ha llegado el momento de replantearse de qué otras fuentes obtendrás ingresos. La mejor idea hasta el momento, son los "benditos" ingresos pasivos. Son aquellos en los que, no tienes que estar presencialmente realizando una actividad, para que se genere dinero.

Algunos ejemplos de ingresos pasivos son: las inversiones, las rentas, las regalías (que ganaremos de las ventas de este libro, o del que tú vayas a escribir), máquinas expendedoras de golosinas, un curso que grabaste y que lo vendes una y otra vez, etc. ¡Ojo! no nos estamos refiriendo a dinero fácil. Estas actividades llevan mucho tiempo, talento y dedicación para ponerlas en marcha. Nunca subestimes el esfuerzo que cada proyecto conlleva.

Tener finanzas sanas, independientemente de cuanto ganes o gastes, es un concepto alcanzable para todos, no sólo aspiracional. En sentido contrario, las finanzas enfermas hay que atenderlas, "curarlas" y prever que no se propaguen al igual que un virus, pues también las sociedades se contagian. No permitas que desahucien o mueran, pues son tu responsabilidad. Recuerda que el ahorro (tema que abordaremos más adelante), es su principal medicina y el presupuesto, su rehabilitación.

Define "finanzas sanas".

¿Qué consideras que es un ingreso pasivo?

¿Obtienes económicamente lo que mereces?

¿Qué es un dinero "mal habido"?

¿Te sientes satisfecho con el dinero que ganas? ¿Por qué?

®Coach Cards

La suerte

Se tiene la creencia popular de que, algunas personas nacen "con estrella" y otros "estrellados". Pero la realidad es que a todos se nos han otorgado dones, que utilizados adecuadamente, nos pueden colocar en una posición más aventajada, incluso sobre aquellos que han tenido "buena suerte" al nacer.

El simple hecho de tu existencia, ya es tener muy buena suerte. Imagínate que, entre cuantas posibilidades que ocurrieron, por ejemplo, que tus padres se conocieran o tus abuelos se mudaran o hayas nacido sin ser planeado, un sin fin de probabilidades que en tu historia se gestaron (no sólo el espermatozoide más veloz), para que hoy estuvieras aquí.

Aún mejor, si ya encontraste tu propósito en la vida (de eso hablaremos en el siguiente libro), perteneces al 1% de los afortunados que saben a qué vinieron a este mundo. A veces pensamos que al tener todo el dinero, podríamos llevar a cabo nuestro proyecto de vida. Pero imagínate por un momento lo siguiente: si ya encontraste tu razón de vivir, ¿no sería el dinero una de tantas consecuencias?

¿Cuántas personas sueñan con "sacarse" la lotería? Porque creen que con ese golpe de suerte (y obviamente con mínimo de esfuerzo), podrán resolver todos sus problemas. Aunque las estadísticas estén en su contra (es más probable que sean impactados por un meteorito), su afán por un cambio inesperado alienta una ilusión que nubla su pensamiento y en consecuencia, les aleja de las auténticas posibilidades de éxito.

En el análisis de las personas que han ganado la lotería, a

los cuatro años vuelven a la quiebra por no haber desarrollado la habilidad de administrar esa riqueza. Por otro lado, los millonarios que han llegado a la quiebra, incluso en un lapso menor de tiempo se han recuperado y vuelto a posicionarse en una situación privilegiada. Es cuestión de mentalidad. Dicho pensamiento es formado con educación financiera constante.

¿Cómo definiríamos entonces, lo que es la suerte? Bueno, el concepto que más nos gusta es: el punto exacto donde se encuentran la preparación con la oportunidad. Tener perspectiva. Dar "rienda suelta" a la creatividad, utilizar tu intuición y saber que es lo que más te gusta hacer, son manifestaciones clave para atraer a la "diosa fortuna".

Y es que, la buena suerte es lo contrario a recibir una gran suma de dinero de forma extraordinaria. Se trata de resolver problemas, de cubrir necesidades, de dar servicio, estar alerta a las oportunidades, visualizar escenarios distintos y correr riesgos. Mira a tu alrededor y siente gratitud por lo afortunado que ya eres. La conclusión es que, sigas siendo tú el generador de abundancia. Cambia el "chip" mental.

Completa la frase: "Si tuviera todo el dinero que deseo haría…"

¿Recibías "domingo" o mesada de niño? ¿Qué hacías con el dinero?

¿Te has encontrado algún billete? Comenta.

¿Te han dado mal el cambio? ¿Qué hiciste?

Completa la frase: "Para obtener más dinero necesito…"

®Coach Cards

EL GASTO

El orden en tus finanzas te dará tranquilidad y certidumbre.

Lo invisible

"El dinero se hizo redondo para que circule", versa un dicho popular. Y es verdad, el dinero debe ser utilizado para intercambiar bienes y servicios. Pero gastarlo inteligentemente, es otra cosa. ¿Cuántas veces te ha pasado que llegas al final de la quincena, (o el pago de la nómina), sin efectivo disponible? Se "esfumó" el dinero sin saber en qué se usó.

Hay ocasiones en que los gastos se "desbordan", puede ser que nos demos cuenta o no. Por ejemplo el famoso gasto "hormiga", que es el dinero que se utilizó sin ser planificado, que no tuvo un retorno de inversión y que encima de todo, fue perjudicial para tu salud. Ya sabes, nos referimos a las golosinas, cigarros, refrescos, etc. que si bien en una fiesta puede traer bienestar momentáneo, de manera frecuente pueden afectar tus finanzas.

Haz el siguiente ejercicio: un café de $80 pesos que compras todas las mañanas, por 20 años, puede representar el pago de tu pensión en el momento que decidas retirarte. Es decir, $2,400 pesos mensuales, a una tasa de rendimiento del 12% y utilizando la "magia" del interés compuesto, tendrías $2,400,000 pesos. No estamos expresando que no tomes café. La invitación trata de equiparar lo que gastas con lo que podrías invertir, (que es un tema que abordaremos más adelante).

Es cierto, vivimos en una sociedad de consumo y los artículos que tanto deseamos, los tenemos al alcance de la mano (o a un click de distancia). El constante "bombardeo" de la publicidad nos condiciona y podemos perder el "buen juicio" al momento de decidir: lo necesito o lo quiero. En el tema siguiente veremos que asignar un porcentaje fijo de nuestros gastos al lujo, puede ser una buena idea.

La invitación a cuantificar y registrar dónde colocaremos nuestro dinero, pudiera parecer un reto difícil en un principio. Pero todo es cuestión de empezar. La idea es que esos gastos se vuelvan "visibles" y por consecuencia, estar conscientes de que fin tuvieron. Si fueron adecuados, repetir y sí no, aprender la lección y evitar en el futuro compras de "pánico", "gangas", temporadas de liquidación, "compre ahora y pague después", etc.

Otra gran fuga financiera son las fechas significativas: Navidad, San Valentín, día de la madre, del padre, del niño, etc. Te pueden tomar desprevenido y gastar más de lo que tenías contemplado. El manejo de las emociones es fundamental y lo sabes: ¡no es a través del consumo que se debería premiar, compensar, manifestar o justificar los sentimientos! Ya que después, viene la culpa, la frustración o la incertidumbre de no saber cómo pasó.

El valor de las cosas lo pones tú. Evita caer en este círculo vicioso de emociones que generan los gastos "invisibles". La decisión es sólo tuya. Recuerda las palabras de Woody Allen: "No conozco la clave del éxito, pero sé que la clave del fracaso es tratar de complacer a todo mundo".

¿Cómo te recompensas económicamente por tus jornadas laborales?

¿Qué es un gasto hormiga?

¿En qué gastas el fin de semana?

¿Has comprado por internet? ¿Cuál ha sido tu experiencia?

¿Cómo crees que influyen las redes sociales en los hábitos de consumo?

®Coach Cards

El lujo

Todos deseamos y soñamos con cumplir grandes sueños: un viaje, un auto, una casa, un puesto en la empresa, un negocio, escribir un libro (como el que tienes ahora) o la libertad financiera. Son metas de largo plazo que por el momento no se pueden materializar, y la razón es muy sencilla: no contamos con los recursos necesarios. Dichos recursos pueden ser el dinero, el tiempo, la habilidad por desarrollar o el objetivo claro. ¿Cuántas personas conoces que abandonan sus deseos por falta de claridad, planeación o paciencia?

Rendirse, desmotivarse y conformarse, nos han llevado en algunas ocasiones a buscar la recompensa inmediata. Esto se debe a nuestra falta de tolerancia e impaciencia, pues tenemos un deseo ferviente de que seamos recompensados al instante, de ya no sufrir por algo que hemos querido hace ya mucho tiempo. Y es a veces que claudicamos, que elegimos algo de menor valor o calidad: un viaje más cercano, un auto más económico, una casa que no es de nuestro agrado, etc.

Pero de seguro que has experimentado esto: La idea de lo que realmente deseas, no se va, el sentimiento no desaparece. Sabes muy bien, que sólo has adquirido un paliativo, que no es exactamente lo que siempre has querido, y entonces, la frustración y la culpa son los nuevos sentimientos que llegaran a tu mente pues, estas decisiones apresuradas de calmar tu ansiedad, te han separado por una brecha más pronunciada de lo que inicialmente tenías contemplado.

Los especialistas financieros (y también nosotros), recomendamos no que te abstengas de gastar en complacencias inmediatas, sino que de manera consciente asignes un porcentaje a esas experiencias (las llamaremos lujo), que te proporcionen satisfacción pero al mismo tiempo, que te alienten y te den la confianza para alcanzar metas financieras superiores. Dicho porcentaje debería estar entre el 5% y el 10% dependiendo de tu ingreso.

La mercadotecnia nos invade e inunda las redes sociales sociales (y otros medios masivos de comunicación), con imágenes y videos sugestivos: un hombre elegante bajando por las escaleras de un avión, una mujer con gafas oscuras subiendo a un auto de alta gama, una familia saliendo de un hotel de lujo dirigiéndose a la playa, en fin, un cantidad ilimitada de "espejismos" que te harán creer que eso es felicidad.

Recuerda la próxima vez que busques en internet, artículos lujosos. El algoritmo de programación te enviará constantemente mensajes relativos a una vida de élite. Por ejemplo, si consultaste: "cuanto mide la torre Eiffel", en tu próxima consulta te enviarán promociones de "viaja a París".

Está bien tener aspiraciones y "darse" un lujo de vez en cuando, pero es importante tener cuidado de no caer en manipulaciones publicitarias y perder nuestro sentido de realidad. Recuerda las palabras del periodista Émile Henri Gauvreau: "Se nos ha convencido de gastar el dinero que no tenemos, en cosas que no necesitamos, para generar impresiones temporales en personas que no deberían importarnos."

¿Qué es un lujo?

¿Qué has comprado "porque te lo mereces"?

¿Cuál es el lujo más caro que has tenido?

¿Qué emoción te da comprar algo muy deseado?

¿Qué sientes cuando alguien te invita a cenar y viceversa?

®Coach Cards

El derroche

Hemos mencionado anteriormente, las compras que son por necesidad o por gusto. Pero existen otro tipo de compras que están fuera de estas categorías: las compras impulsivas. Pueden existir muchos factores psicológicos para justificar este fenómeno: compensar las carencias de la niñez, que los hijos no sufran las mismas abstinencias que tuvieron los padres, agradar a otros con obsequios para sentir una especie de alivio o aceptación, o simplemente tomar una postura de "mecenas".

El problema es que al momento de pagar esas complacencias (que regularmente se realizan con la tarjeta de crédito), se llegan a desequilibrar las finanzas. Algunos ejemplos son: Invitar a la familia y amigos a comer con el primer sueldo, una pomposa fiesta de quince años o de jubilación, una fastuosa boda, un viaje a tierras exóticas, etc. Puede ser que estos eventos de opulencia se realicen una vez en la vida, pero ¿qué hay de los que se vuelven recurrentes? ¿de aquellos que cada fin de semana "tienen" que comprar?

El ciclo vicioso del derroche consiste en la falta de saciedad. Cuando nada te basta. Es muy típico que al acudir a pagar tu crédito, adquirido en una tienda de prestigio, la sensación de que sólo fuiste a dejar tu dinero y no te estás llevando nada, te abordan pensamientos de escasez y tienes la necesidad de llevarte algo, aunque sea "pequeñito". Es así, que tu deuda aumenta, y sin notarlo caes en una vorágine consumista que no tiene fin.

Y cuando llegas a tu casa y revisas tus compras, notas que ese artículo que compraste ya no es tan llamativo. Ya no luce como en el aparador. Entonces te inunda un sentimiento de culpa al revisar el recibo de compra y cuestionarte ¿por qué lo adquiriste? ¿Por qué no tuviste la voluntad de resistirte a su "encanto"? ¿Por qué no revisaste tu presupuesto antes de tomar la decisión? ¿Por qué te da vergüenza regresarlo a la tienda y pedir la devolución de tu dinero?

Existen otro tipo de compras imprudentes: Tener el último dispositivo electrónico, tener un auto último modelo, la línea de ropa de un diseñador de prestigio, cenar en un restaurante que es tendencia en la ciudad, en fin, si no lo puedes pagar, no pongas en riesgo tus finanzas. En ocasiones llegas a pagar el doble o triple de su valor cuando los adquieres con crédito.

Las ofertas, liquidaciones o temporadas de compras (como el "Buen Fin" o la Navidad), suelen ser muy tentadoras. Pueden crear la falsa creencia de que se está "ahorrando" cuando en realidad se está gastando. Incluso en artículos que no necesitas ni quieres y su destino final puede ser que se queden en su empaque original, arrumbados en un rincón de la casa o simplemente en la basura.

El problema de raíz es que, la falta de educación financiera no permite visualizar que con el dinero se pueden hacer más cosas que sólo gastar. Nuestra invitación es que descubras en las siguientes páginas, que ahorrar, invertir, donar, incluso usar el crédito a tu favor, pueden ser opciones que te favorezcan, no sólo en lo económico sino también a generarse otro tipo de emociones como la satisfacción, la gratitud o el gozo.

¿Qué es un "comprador compulsivo"?

¿Has sentido culpa por comprar algo?

¿Qué opinas de los "acumuladores"?

¿Cómo puedes malgastar el dinero?

¿Has comprado algo que aún esté en su empaque original?

®*Coach Cards*

La escasez

"No hay nobleza en la pobreza", es una frase que se le atribuye a Jordan Belfort conocido como el "Lobo de Wall Street". Para quienes hemos vivido el estrés financiero, que se caracteriza por emociones como el miedo, dolor, ansiedad, frustración, envidia, incertidumbre, etc., podemos validar que la pobreza no es una virtud en los tiempos modernos. Afecta distintas esferas del ser humano como el trabajo, la salud, la familia y los amigos.

A nivel intelectual también se ve disminuida la capacidad de atención, memoria y creatividad. Y es que al sentirse menos afortunado, existe un riesgo latente de comenzar un proceso de enfoque negativo, ¿cómo es esto? La generación de pensamientos adversos (que en muchas ocasiones suelen ser catastróficos), y la continuidad y el incremento en la intensidad de esas imágenes (que seguramente nunca ocurrirán), nos pueden llevar no solamente a la bancarrota sino también a la tragedia.

Así como una moneda tiene dos caras, los pensamientos con los que abordamos una situación pueden ser de tipo optimista o pesimista. Es nuestra elección. Y también es claro, que el cambio de pensamiento requiere de un esfuerzo importante, principalmente cuando aquellas emociones negativas se encuentran profundamente ancladas en nuestro ser. Digamos que ya se volvieron comunes y nos hemos acostumbrado a esa sensación. Es como una droga.

En un mundo de abundancia, el pensamiento colectivo puede tener gran influencia para darle la "vuelta a la moneda". El poder de imaginar una situación más favorable, percibir la sensación de que todo va mejorando a tu favor y principalmente, tomar acción hacia el estado deseado con pequeños pasos pero contundentes, revierte la espiral de acontecimientos que ahora irá, en sentido ascendente.

Nuestra propuesta es que, no esperes a que te ocurra una tragedia o llegar a la quiebra para empezar a cambiar la mentalidad. Desházte de antiguas creencias. Las situaciones de "vacas flacas", que la gran mayoría de los seres humanos vivimos por lo menos una vez en la vida, son temporales. Distinto al conformismo, saber que te encuentras en una posición privilegiada para atender las demandas del desafío que hoy se te presenta, puede jugar a tu favor en la "cancha" del pensamiento para superar tu crisis.

La activación reticular, que es un mecanismo de alerta con el que hemos sido provistos de manera natural, nos ha ayudado no sólo a la supervivencia sino a tener la capacidad de seleccionar objetos, situaciones o personas, para darle continuidad a nuestros planes. También descarta todas aquellas circunstancias que no requieren de nuestra atención. En pocas palabras, es el enfoque hacia lo verdaderamente relevante.

Se trata de evitar que las oportunidades que se te presenten, pasen inadvertidas. Que en conciencia sepas que nuevos caminos aparecerán y un entramado de posibilidades se irán develando pues la acción genera reacción. Empieza a contarte una historia distinta. Lo que se conoce como "profecía autocumplida", es real. En dónde pongas tu atención, irá tu corazón y en consecuencia, la realización de tu destino.

¿Qué es la pobreza?

En tu vida, ¿cada vez necesitas más o menos dinero? ¿Por qué?

¿A cuánto asciende el salario mínimo?

¿Cuál es tu sentimiento cuando alguien te regala algo usado?

"Rico no es el que tiene más, rico es el que menos necesita". Comenta.

®Coach Cards

La disyuntiva

Imagina por un momento, el primer billete que tuviste en tus manos. ¿Cuál habrá sido la primera recomendación que recibiste? ¿lo recuerdas? Seguramente escuchaste frases como: "Comprate lo que quieras", "guárdalo, no lo desperdicies", "gástalo en algo que sea útil" o tal vez "ahorralo para comprarte algo más grande y mejor". Son paradigmas que se fijaron en nuestro subconsciente y ahora, al momento de recibir dinero, hacemos lo que se nos instruyó.

Muchas veces no cuestionamos cuál es la mejor decisión sobre cómo utilizar el dinero. Simplemente reaccionamos sobre la programación de nuestra mente y actuamos en consecuencia. Tenemos miedo a equivocarnos, a no ser capaces de tomar buenas decisiones. Y volvemos al origen de nuestras dudas que se originaron con las primeras experiencias del dinero, y que a su vez, nosotros también heredaremos a las nuevas generaciones.

Por ejemplo, al momento de comprar o rentar, ya sea una casa o un departamento, ¿cuál es la mejor decisión? Sin duda, la respuesta será "depende", pues las circunstancias son distintas para cada individuo. Si te encuentras en este momento de la vida, sólo considera lo siguiente (otra recomendación pero sustentada en la estadística), que tu desembolso mensual no sea mayor al 30% de tus ingresos. Al superar este porcentaje puedes poner en riesgo tu estabilidad financiera.

Suponiendo que hoy en día ganas $30,000 al mes, hasta $10,000 en rentas o hipoteca, te permite un margen de maniobra suficiente, para cubrir el resto de tus gastos e imponderables que eventualmente surgen (te lo aseguramos). Ahora bien, pagando tu vivienda con el 50% de tus ingresos, en este caso $15,000, tendrías que hacer un recorte importante a tus gastos y a tu estilo de vida. En consecuencia, sentimientos como frustración o decepción, estarán presentes en cada desembolso cuando antes no existían.

Si recibes dinero extra, como el aguinaldo, prima vacacional o reparto de utilidades, como lo utilices va a depender de tus hábitos financieros. Si estás acostumbrado a gastarlo todo, recuerda que tu subconsciente siempre encontrará una razón para justificar tu decisión. Por supuesto que muchas cosas se compran con dinero, pero muchas no. Antes de gastar, analiza que puede existir una mejor idea (siempre la habrá), y es la que la gente financieramente estable transmite a sus hijos: ¡Multiplícalo!

Nuestra recomendación es: atrévete a "jugar" con el dinero (que en esencia es como el tablero de "monopoly"). Al hacer crecer tu dinero, tienes un margen a favor con el que te puedes "arriesgar" cada vez más y probar distintas inversiones (que en las siguientes páginas tocaremos este tema a profundidad). Woody Allen solía decir: "el dinero no da la felicidad, pero procura una sensación tan parecida, que se necesita un auténtico especialista para verificar la diferencia".

¿Gastas o inviertes tu dinero?

¿Es mejor comprar o rentar? Dános tu opinión.

¿Te gusta regalar o que te regalen?

¿Qué se compra con el dinero?

¿Qué es algo que no se puede comprar con el dinero?

®Coach Cards

El presupuesto

Es importante conocer con qué recursos contamos y cómo administrarlos para alcanzar nuestros objetivos. Del latín "presupponere" que significa 'poner delante de' el presupuesto es una herramienta simple pero poderosa. Nos ayuda a tomar mejores decisiones, establecer metas de ingresos y reducir gastos en un periodo de tiempo determinado. También ayuda a disminuir la incertidumbre y generar confianza.

Nos decimos con regularidad: "es que ya no me alcanza" y seguramente te ha sucedido que llegas al final de cada mes con muy poco dinero, y sin saber en qué lo gastaste. Aprender a separar en distintas categorías los egresos o las cuentas por pagar, constituye uno de los principios básicos de las finanzas.

Una de las técnicas que nos ha funcionado y recomendamos aplicar, es la regla 40/30/20/10, que consiste en destinar el 40% de los ingresos en gastos fijos, el 30% en gastos variables, 20% en otras inversiones y 10% en ahorro. Imagínate 4 cajas en las que vas a destinar el dinero de tus ingresos.

La primera caja, la de los gastos fijos (40% del total de tus ingresos), está el dinero que apartas para pagar la renta o la hipoteca de tu vivienda (recuerda 30% máximo), y el otro 10% para pagar los servicios como la luz, el internet, el gas, impuestos y por supuesto los seguros (de este rubro tan importante hablaremos en las siguientes páginas).

La segunda caja contiene el dinero que apartas para los gastos variables (30% de tus ingresos). De aquí pagas la alimentación, despensa, transporte, ropa, salud y diversión. Como su valor no siempre es el mismo en este rubro, es importante estar monitoreando cada egreso para no rebasar el límite que hemos establecido. No importa cuanto ganes, recuerda: si te adaptas a esta regla siempre tendrás el control de tu economía.

La tercera caja es para las otras inversiones (20% del ingreso). ¿Cómo es esto? Nos referimos a la educación, ya sea de tus hijos o tuya (colegiaturas, cursos, diplomados, maestrías, etc.), así como el dinero que destinas al comenzar un negocio y las metas financieras de largo plazo: el enganche de una casa, comprar un auto, un viaje al extranjero y particularmente, construir un fondo de emergencia (tener disponible una cantidad similar que va de 3 a 6 meses de tus ingresos).

En la cuarta y última están los ahorros (10%), que digamos es el mínimo, que debes apartar para esta caja. De allí deriva la palabra "diezmo". En este rubro se tienen considerados el plan personal de retiro, fondos de inversión, acciones, efectivo y otros valores (todo aquello que puedas convertir en efectivo).

Como verás, la importancia de registrar y analizar cada desembolso, te ayudará a categorizar, comparar, elegir y principalmente concientizar el correcto manejo de tu dinero. En conclusión, el mejor antídoto contra el insomnio, es tener un presupuesto.

❖ ❖ ❖

¿Cuáles son las necesidades básicas del ser humano?

¿Cómo administras tu dinero?

¿Llevas un control de gastos? ¿Por qué?

¿Cuáles son tus prioridades financieras?

¿Qué es mejor… reducir gastos o generar más ingresos?

®Coach Cards

EL CRÉDITO

La confianza abre muchas puertas. Cuida tu prestigio financiero.

El préstamo

La solidaridad es uno de los valores más nobles de la humanidad y ayudar a otros que se encuentran en desigualdad de circunstancias, siempre será un distintivo de las personas buenas y amables. Quien es altruista da un poco de lo que tiene: tiempo, dinero, trabajo, conocimiento, etc., pero seguramente has escuchado este proverbio chino: "Dale un pez a un hombre y comerá hoy. Enséñale a pescar y comerá el resto de su vida".

Ya sabes, es debatible el hecho de si ayudar o no, es la solución al problema. Muchas veces la línea es muy delgada entre la generosidad y el abuso. Y todo comienza a una temprana edad. Recuerda tus primeros años de escuela: Había un niño en la clase que regularmente pedía una hoja o lápiz para escribir las notas del pizarrón, y aunque puede parecer un acto inofensivo (pues a cualquiera se le pudo haber olvidado un día los útiles escolares), se empezaba a desarrollar una creencia: ¡siempre habrá alguien que resuelva por mí!

La obligación moral de prestar dinero reside completamente, también en una creencia de que, si alguien nos prestó su ayuda en el pasado, ahora es nuestro deber "devolver el favor". Pero siempre hay alguien que no cumple con su promesa de pago. Esta acción altera las finanzas del prestamista y del prestatario. Y no sólo eso, si llegara a existir una relación familiar o amistosa, se puede llegar a fracturar incluso a perder.

El negocio del crédito surge, cuando ya no es suficiente la palabra como promesa de pago y se traslada a circunstancias legales donde, un contrato hace exigible el cumplimiento del pago del préstamo. Para que un acuerdo de este tipo surja, se requiere alguien con capacidad financiera actual (liquidez), que pueda otorgar un préstamo a otra persona con capacidad para pagar en el futuro (solvencia), pero que tiene una necesidad inmediata de contar con el dinero. Por esta acción se cobra o se paga un interés, que es el aumento de valor del dinero en el tiempo (el negocio por excelencia de los banqueros).

El flujo de circulante que manejan los bancos es inmenso. Basta mirar los edificios más altos de tu ciudad que seguramente, son propiedad de los banqueros. Ya has escuchado que en los negocios "hay que comprar barato y vender caro", pues es la misma filosofía que utilizan los bancos: Si requieres un préstamo hipotecario, pagarás el doble o hasta el triple del valor de la casa. Si prestas tu dinero por ejemplo en un pagaré bancario, al final del plazo recibirás de intereses que con buena suerte, será un porcentaje similar a la inflación (tema que veremos más adelante).

La próxima vez que estés en búsqueda de ayuda financiera (porque definitivamente no es malo pedir), es importante evaluar las siguientes consideraciones: el tiempo que tardarás en pagarlo, la tasa de interés que te cobrarán, comisiones y otros cargos administrativos que se encuentran en las cláusulas del contrato del crédito (y que regularmente están en "letras chiquitas").

Aproximadamente un tercio de la población utiliza el crédito formal. Otro tercio utiliza el crédito informal (familia, amigos, casas de empeño). Y el otro tercio, ahorra para atender emergencias, imprevistos o gastos generales del hogar. ¿Y tú en qué porcentaje estás?

¿Alguna vez has pedido prestado? Comparte.

¿Cómo te sientes cuando le cobras a alguien por un préstamo?

¿Has perdido alguna amistad y dinero? Comparte.

¿Cuál es tu sentimiento cuando los acreedores llaman a tu casa para recordarte el pago de tu deuda o de algún familiar?

¿Has estado en una casa de empeño? ¿Cómo fue?

®Coach Cards

La tarjeta de crédito

Es probable que hayas escuchado que tener una tarjeta de crédito, es un "arma de doble filo". Por una parte puedes financiarte (al menos un mes) del crédito que recibes y así poder aprovechar alguna promoción, descuento, agilizar alguna transacción, en lugar de pagar en efectivo. Y por otra parte, al no liquidar la totalidad del adeudo en el tiempo requerido, puedes correr el riesgo de pagar altos intereses (que se pueden convertir en una "bola de nieve").

¿Y en que utiliza la mayoría de las personas, el préstamo de estos plásticos tan tentadores? Simple: en el crédito al consumo. Televisiones, refrigeradores, estufas, lavadoras, microondas… también automóviles, reparaciones de la casa, las visitas al médico, etc., son algunos ejemplos. ¿Pero no deberían estar considerados en tu presupuesto de gastos? La respuesta ya la conoces.

Debe quedar claro que el dinero del crédito, no es un extra para el bolsillo o un premio a nuestra puntualidad en los pagos. Es dinero de alguien más: de los bancos, de las tiendas departamentales o de las sofomes (que son sociedades financieras de objeto múltiple). Y no pienses que es tan fácil obtenerlas (y menos que se te salgan de control), hay que pasar por un filtro llamado "Buró de crédito" que es una sociedad de información crediticia, que guarda el historial de que tan buen "pagador" has sido.

Si eres observador, en tu estado de cuenta (que te sugerimos lo conozcas y lo leas de "pe a pa" al menos una vez en la vida), existe un rubro llamado "pago mínimo" que disminuye en un pequeño porcentaje, la penalización de los intereses y otros cargos. Vamos a suponer que debieras $30,000 a tu tarjeta de crédito y que sólo pagas el mínimo, sin volver a utilizarla, te tardarías casi 10 años en liquidar la deuda y no sólo eso, estarías pagando el triple de lo que te prestaron. Lo ideal es ser "totalero".

Tanto las tarjetas de crédito bancarias como departamentales, utilizan una estrategia común para atraer a los posibles clientes llamada "meses sin intereses" o "pagos chiquitos", que es dividir la deuda en 3, 6, 12, 18 y quien sabe cuantas más mensualidades. El punto es que al llegar la fecha de corte y requerimiento de pago, vas a la tienda a liquidarlo y te ofrecen otra promoción "irresistible". Esto es un ciclo sin fin, porque para no sentirte tan mal de que fuiste a dejar casi todo tu dinero, te "premias" y sales comprando otras cosas que no estaban planeadas.

Es de suma importancia que revises cuál es el CAT (Costo Anual Total), que pagarás por el financiamiento al momento de que vayas a firmar tu contrato crediticio. Por ello, habrá que comparar antes de tomar una decisión, pues hay algunos bancos que cobran más del 100% de intereses. Recuerda también tu capacidad de pago (a tus ingresos restale los gastos fijos, variables y el ahorro), de esta forma podrás seguir teniendo el control de tus finanzas. Un último consejo, si ya tienes varias deudas de este tipo, paga primero las de mayor tasa hasta liquidarlas en su totalidad. No desesperes, siempre se puede.

¿Te gusta pagar en efectivo o con tarjeta de crédito? ¿Por qué?

¿Son útiles las tarjetas de crédito? ¿Por qué?

¿Hasta cuantas tarjetas de crédito has tenido?

¿Qué opinas de las compras a meses sin intereses?

¿Qué opinas de los pagos mínimos de las tarjetas de crédito?

®Coach Cards

La deuda

"Dame una palanca lo suficientemente larga y un punto de apoyo para colocarla, y moveré el mundo". Esta frase de Arquímedes hace referencia a que el apalancamiento, es una fuerza poderosa para conseguir nuestros objetivos. Aunque el antiguo inventor hacía referencia al acto de trasladar objetos pesados de un punto a otro, en la actualidad el apalancamiento consiste en utilizar el dinero ajeno para financiar una operación.

Entonces, ¿el endeudamiento es bueno o malo? La respuesta siempre será: depende. El endeudamiento lo utilizan los gobiernos (aún los más ricos como el de los Estados Unidos), lo usan los empresarios para ampliar su línea de productos o su participación en el mercado y, lo utilizamos nosotros para lograr metas de largo plazo, como adquirir una casa.

Hay que atender a la siguiente premisa: que el beneficio de la inversión sea mayor al costo del crédito. ¿Cómo es eso? Por ejemplo, si necesitas comprar inventario o mercancía que, al momento de venderla puedas recuperar el costo del producto, el financiamiento (deuda más intereses), obtengas una ganancia o utilidad o ROI (retorno sobre la inversión). Este rubro es crucial separarlo, contabilizarlo y tenerlo bien identificado pues es clave para el éxito de todo negocio.

También es útil utilizar el apalancamiento para comprar maquinaria, equipo, terrenos, etc. que te permitan seguir innovando, eficientando y aumentando la producción de bienes y servicios a un segmento de mercado específico. ¿Qué pasaría si no se hicieran llegar esos productos y servicios a un público determinado? Pues es lo que se conoce como costo de oportunidad, que es el dinero que se deja de ganar, por no estar con el consumidor en el momento y lugar adecuado.

Por ello es útil, que al identificar una oportunidad y evaluar su rentabilidad (la posibilidad de ganancias que se puedan obtener), si no se tienen en ese momento los recursos financieros, se utilice el endeudamiento. No es lo mismo vender en invierno que en verano. Puede ser que exista un mayor número de compradores en época decembrina, que estén dispuestos a pagar más caro por el mismo producto que a mitad del año. Entonces, ya valió la pena ese préstamo que invertiste en un negocio.

Es importante señalar que siempre existirá un costo por el uso del dinero ajeno. Utilizarlo inteligentemente, es el reto. Si compras un auto con financiamiento que tiene un valor de $300,000, a una tasa del 10% anual y un plazo de 5 años, al final pagarás $382,500 (sin considerar impuestos, apertura de crédito, gastos de administración, etc). Pagaste casi 30% adicional y... ¡el auto ya no vale lo mismo porque se deprecio! Pero, ¿qué pasa si utilizaste el auto como transporte público compartido desde el momento que salió de la agencia? ¡Tendrías ingresos en esos 5 años de $1,582,500!

Recuerda siempre regresar el dinero a su dueño original, porque tendrás un mejor historial crediticio, para poder solicitar montos mayores y financiar proyectos de inversión cada vez más ambiciosos. Algo muy valioso en el mundo de los negocios es el prestigio y la credibilidad, derivada de cumplir tus compromisos financieros. Así que... ¡buena suerte en el juego del apalancamiento!

¿A qué huele un auto nuevo?

¿Te has quedado sin dinero alguna vez? Comparte.

¿Has buscado ayuda financiera?

¿Te has endeudado? ¿En qué?

¿Qué acción tomas ante una deuda? ¿Contemplarla, evitarla o liquidarla?

®Coach Cards

El interés compuesto

"El interés compuesto es la fuerza más poderosa del universo". Esta frase que se le atribuye a Albert Einstein tiene el sentido de que, el dinero al ser invertido una y otra vez, no tiene fin y crece exponencialmente. ¿Es esto realmente posible? Sí, aunque en la práctica tenemos que gastar necesariamente para nuestra manutención.

Por un momento imagina, que todo el ingreso que has llegado a ganar, lo invertiste, y la ganancia o el rendimiento, lo volviste a invertir y así sucesivamente como si fuera una "bola de nieve". ¿Cuánto dinero tendrías hoy? Difícil de saber, pero seguramente más que tu jefe y que el jefe de tu jefe o de cualquier otro miembro de tu familia.

Para determinar el monto que podrías ganar al invertir tu dinero, existe una fórmula sencilla que es: $M = C \times (1 + i)^n$. "M" es la incógnita o monto que obtendrías, "C" es el capital o dinero que apartaste para invertir, "i" es la tasa o porcentaje a la que se invierte el dinero y "n" el plazo o tiempo en que se deja el dinero, sin que lo toques y pueda "trabajar". (Que en las próximas páginas veremos la cantidad de situaciones que tienen que suceder para que el dinero "trabaje" para ti).

Pongamos un ejemplo. Suponiendo que hace 15 años decidiste ahorrar $100,000 pesos a una tasa del 12%. Al sustituir la fórmula quedaría: $M = 100,000 \times (1.12)^{15}$ el resultado nos da $599,580 pesos, es decir, casi 6 veces el valor inicial. Por eso se menciona que, quien conoce el interés compuesto lo gana, quien no, lo paga.

Quince años pueden parecer muchos, pero en realidad no lo son. Llegar a juntar $100,000 pesos también puede parecer un esfuerzo importante, pero en las siguientes páginas veremos cómo "pulverizar" una meta grande en pequeños pasos a través del ahorro, la constancia y la disciplina.

Pongamos otro ejemplo pero en sentido inverso, cuando tú pagas el interés compuesto. Suponiendo que quieres comprar un departamento que cuesta $2,000,000 de pesos, a una tasa del 10% anual y por un periodo de 15 años. Para ello utilizarás el crédito hipotecario que te ofrece un banco. Utilizaremos otra técnica para realizar el cálculo llamada "tabla de amortización" que explicaremos en detalle más adelante. Al finalizar, pagarías por el departamento $3,868,579 de pesos, es decir, $1,868,579 de intereses (casi el 100% de lo que pediste prestado).

Ahora ya sabes porque los ricos son cada vez más ricos, pues no se trata de suerte sino de hábitos y de una continua educación financiera. ¿No te gustaban las matemáticas en tus años de escuela? No importa, siempre se puede empezar a reaprender. Otra opción, también es contar con un asesor o profesional que te ayude con tus finanzas. Si te interesa una asesoría de coaching financiero, en las últimas páginas de este libro encontrarás nuestros datos.

¿Cómo funciona el interés compuesto?

"El dinero compra más dinero" ¿Qué opinas?

¿Qué errores financieros del pasado no cometerías hoy?

¿Es el endeudamiento siempre malo?

¿Tienes cultura del ahorro o del endeudamiento? Comenta.

®*Coach Cards*

EL AHORRO

*Todo tiene un comienzo, también en las finanzas.
¡Decídete a crear tu patrimonio desde hoy!*

Lo informal

La palabra ahorro proviene del árabe "hurr", que significa libre, opuesto a ser un esclavo.
Desde la antigüedad, la acumulación de dinero ha dado la posibilidad de tomar decisiones más independientes, sin necesidad de consultar a otros y así agilizar la materialización de los deseos.

¿Y qué otras razones pueden existir para ahorrar? Algunas de ellas son: sortear imprevistos, cumplir objetivos, cubrir pérdidas, adquirir cosas y obtener más dinero (que más adelante veremos este fascinante tema de la inversión). Y en este deseo del ser humano por satisfacer estas necesidades superiores, se genera un ímpetu, una intención de aplazar la recompensa inmediata o evitar gastar en nimiedades, entonces se buscarán recursos alternativos pues la voluntad ya no será suficiente.

Uno de los propósitos más comunes de año nuevo, es el ahorro. En este entusiasmo por el inicio de un nuevo ciclo, el novato acumulador, transitará por diferentes maneras de ahorrar que llamaremos informales: dejar el dinero "bajo el colchón", en un cofre, un frasco o enterrarlo en una olla de barro (cómo se estilaba en el pasado), y más recientemente, tener efectivo en una caja fuerte o alcancía.

Otra práctica común de ahorro informal, es la tanda. Consiste en juntar el dinero de varias personas que, en forma recurrente harán una aportación que puede ser mensual o quincenal y que un administrador de esos recursos repartirá a cada integrante el acumulado pactado previamente de acuerdo a su turno. Quien tiene el primer turno (que regularmente se obtiene al azar), obtendrá el mayor beneficio al recibir por anticipado la suma de dinero de todos los participantes.

La llamada "flor de la abundancia" es otra forma de ahorro "forzoso". Es un sistema de aportación piramidal donde jerárquicamente se acumula el dinero. El ahorrador del centro, recibirá el ingreso de los ahorradores satelitales (que se encuentran de manera gráfica en forma de pétalos), de tal suerte que, sólo los pétalos superiores tienen posibilidad de ascender al centro (que de manera subjetiva son elegidos). El resto de los ahorradores seguirá realizando sus aportaciones con la esperanza de algún día, llegar a la cúspide de la "flor". Esta práctica es ilegal y ha defraudado a miles de participantes en el mundo.

Ahora ya sabes que el dinero fácil es una ilusión, un espejismo. Las personas con menos recursos intelectuales o materiales, suelen ser más vulnerables de caer en estas "trampas" financieras. Es importante que antes de tomar una decisión sobre dónde poner tu dinero, puedas verificar que la empresa se encuentre regulada, es decir, supervisada por las entidades gubernamentales correspondientes. De igual manera, que quien se encuentre promoviendo los temas de ahorro, tenga las competencias y se encuentre certificado para realizar dicha actividad. La ética en las finanzas refleja no sólo la calidad moral de las personas sino también de las instituciones, y su prestigio en el contexto global.

¿Qué opinas de las tandas?

¿Tuviste una alcancía de niño?

¿Qué opinas del diezmo?

¿Realizas un presupuesto para alcanzar tus metas?

¿Qué opinas de las rebajas y ofertas?

®Coach Cards

La certeza

"El mejor tiempo para plantar un árbol fue hace 20 años. El segundo mejor tiempo para plantarlo es hoy". De este proverbio chino podemos extraer una idea esencial: ahorra desde tus primeros años de vida, sino pudiste, ahorra desde hoy. A la mente, le gusta la certeza y ahorrar para eventos futuros, ya sean placenteros o desafortunados, se convertirá en una paz financiera.

Y también por certeza podemos concluir, que siempre habrá eventos fortuitos o inesperados que puedan llegar a desequilibrar nuestra economía. Por ejemplo, un accidente, desempleo, robo, una recesión, una enfermedad, la muerte (al fin y al cabo todos vamos a enfermar y morir en algún momento), y todos aquellos que ni siquiera hemos podido imaginar. Para esos momentos, te servirán los seguros o un fondo de emergencia.

Piénsalo de esta manera: es como llevar un paraguas contigo, sabes que va a llover pero no sabes cuándo sucederá. La previsión de adquirir un seguro con antelación al siniestro, (palabra utilizada para referirse a daño o pérdida), te permitirá despreocuparte por un desembolso muy oneroso. Ya sabes, lo mejor de los seguros es "no tener que utilizarlos".
Y aunque contablemente se puedan clasificar como un gasto, los seguros te ayudarán a mantener protegido tu patrimonio.

En ese mismo sentido, un fondo de emergencia que cómo ya habíamos mencionado, es un ahorro entre 3 y 6 meses de ingresos, cumple con la función de "blindarnos" ante sucesos futuros, pero que también nos abre la puerta para aprovechar oportunidades de negocio o de inversión.

La idea es simple: apartar un porcentaje del dinero para cubrir eventualidades. Suponiendo que ganas mensualmente $40,000 pesos, decides que el 10% lo utilizarás para pagar tu fondo de pensión ($2,000 pesos) y también tu seguro de vida o de gastos médicos ($2000 pesos más). Otra alternativa sería que, en un lapso de tiempo de 2 años, ya tienes el equivalente a $120,000 pesos ahorrados como fondo de emergencia, entonces puede ser que decidas ir al siguiente paso, la inversión.

Hablando del fondo de pensión, es una previsión fundamental en países como Estados Unidos, Canadá, Japón y la mayoría de los europeos. Es muy importante señalar en este momento, el problema mayúsculo que tienen los gobiernos a nivel mundial sobre la incapacidad de seguir pagando pensiones de manera vitalicia, pues el presupuesto destinado a este rubro se está extinguiendo debido al crecimiento poblacional y al aumento en la esperanza de vida. Es por ello que está responsabilidad ya la han traspasado a los ciudadanos. En las siguientes páginas abordaremos este tema a profundidad.

Reflexiona, ¿por qué preferirías ahorrar a gastar? Pues porque ahora ya sabes lo que es retardar la recompensa. No es lo mismo juntar el dinero para ese gadget que tanto deseas, a pagarlo en la modalidad de "meses sin intereses" o ahorrarlo para tu futuro. Cabe mencionar que pagar menos por un producto en descuento o liquidación, no es ahorro y menos si no lo tenías contemplado. No lo olvides: ¡Primero ahorra y luego gasta!

¿Qué piensas respecto al ahorro? ¿Cuánto ahorras?

¿Tienes un fondo para imprevistos o emergencias?

Menciona algunas ventajas del ahorro a largo plazo.

¿Cómo puedes tener certeza en el futuro?

¿Qué opinas de los seguros?

®Coach Cards

El retiro

La segunda mejor decisión después de estudiar una carrera universitaria, es abrir un plan personal de retiro, sino ¿de qué serviría trabajar 40 años para ganar una pensión de $4,000 al mes? Al entrar en la etapa en que somos económicamente activos, muchas veces olvidamos las ilusiones que teníamos en la juventud: tener un negocio, alcanzar un buen puesto en la organización y retirarnos a una edad lo suficientemente plena como para disfrutar de la vida con el dinero que cosechamos.

Pero la inercia de la vida parece absorbernos: trabajar mucho, casarse, comprar un departamento, tener hijos y luego comprar una casa más grande, salir de vacaciones una vez al año, pagar deudas (aún en la jubilación), para después de todo esto morir. ¿Y los sueños de una vida tranquila, sin preocupaciones y de logros profesionales? Por eso, iniciar un ahorro en los primeros años laborales es fundamental pues te permitirá lograr en el largo plazo, la tan deseada libertad financiera.

Pongamos unos ejemplos de esta idea utilizando el interés compuesto a una tasa del 12% anual y considerando valores actuales: Una persona de 20 años ahorra para su jubilación $2,000 al mes por 10 años y lo reinvierte hasta llegar a sus 60 años, acumulando un monto de $16,716,000. Otra persona de 30 años ahorra para su jubilación $2,000 al mes por 10 años y lo reinvierte hasta llegar a sus 60 años, acumulando un monto de $5,065,000. Alguien de 40 años ahorra para su jubilación $2,000 al mes por 10 años y lo reinvierte hasta llegar a sus 60 años, acumulando un monto de $1,535,000. Por último, alguien de 50 años ahorra para su jubilación $2,000 al mes por 10 años y llega a sus 60 años, acumulando un monto de $465,000. ¿Interesante cierto?

La palabra jubilación proviene del latín "jubilare", que significa lanzar gritos de alegría. Es una etapa de la vida donde deberíamos tener resuelta nuestra situación económica con una pensión digna o ingresos pasivos. Debe quedar claro que, el sistema de pensiones que les tocó a nuestros padres y abuelos ya no se repetirá, pues cada vez hay menos jóvenes y más adultos mayores.

Imagina por un momento que te encuentras en un restaurante, disfrutando el aroma y sabor de tu café. Inesperadamente se acerca a tu mesa una persona de edad madura, pero que se encuentra en buena forma física y mental, y a quien intentas recordar pues su rostro te es familiar. Sin decir palabra, extiende su mano para entregarte una carta, sonríe y el misterioso personaje se aleja. Abres el sobre y empiezas a leer: "Muchas gracias por contratar ese plan de retiro y haberte hecho cargo de mí". Para tu sorpresa te das cuenta, que quien firma la carta… ¡eres tú mismo!

Es en el tiempo que se pueden obtener grandes frutos de pequeñas semillas, más el ahorro para el retiro requerirá disciplina, constancia y fuerza de voluntad. Prepárate para el "otoño" de tu existencia. Como diría el pugilista Muhammad Ali: "Sufre ahora y vive el resto de tu vida como un campeón".

Por último recuerda: La tercera parte de nuestro camino en este mundo, es catalogada como la más vulnerable y de ti dependerá convertirla en la más feliz, repleta de recuerdos y experiencias únicas.

¿Cuál es tu sentimiento al hablar del dinero?

¿Tienes un plan para el retiro?¿Qué beneficio obtendrías?

¿Sabes a cuánto equivale tu pensión si hoy te retiraras?

¿Qué relación guarda el tiempo con el dinero?

¿Qué relación guarda el compromiso y la acción con el éxito financiero?

®Coach Cards

La libertad financiera

En ocasiones la libertad financiera puede ser confundida con la riqueza. Definamos como "libertad financiera", al hecho de percibir ingresos sin necesidad de trabajar o de estar en un lugar realizando una actividad física o mental. Para quienes han experimentado la libertad financiera, lo que más valoran es su tiempo y la capacidad de realizar lo que más les gusta hacer.

Por ejemplo, quien recibe dinero por rentas, ingresos pasivos, una pensión, regalías, rendimientos (que en las siguientes páginas hablaremos de ello en los temas de inversión), etc., ya no están preocupados por su manutención diaria o por su futuro financiero. Entonces, la libertad financiera, supone un estado mental más relajado y donde cualquiera puede lograr esa plenitud económica.

Por otra parte, otros aspiran a ser ricos. Recuerda que la riqueza es acumulación y poder. La palabra riqueza tiene el significado de "cualidad de tener muchos bienes" y su origen viene del sufijo -eza (cualidad), y riks = "poderoso". En este sentido, todas las personas poseemos distintos alcances y percepciones respecto a cómo nos visualizamos en riqueza.

Agregaremos ahora un nuevo concepto: la prosperidad. La palabra próspero viene del latín prosperus del prefijo pro- (hacia adelante) y una raíz indoeuropea *spe que indica expandirse, y que integra la palabra latina spes (esperanza) y según la RAE (Real Academia Española), sus sinónimos contienen los deseos más fervientes del ser humano como favorable, propicio, afortunado, venturoso, feliz, floreciente, fértil, progresivo y triunfante.

¿Y cómo puedes experimentar cada uno de estos conceptos? Nosotros creemos que nace desde el interior, una especie de brújula que te orienta hacia donde manifestar tus virtudes y ser la mejor versión de ti mismo. Utilizando la planeación, que es cómo el trazado del camino a recorrer. La acción, que es poner en marcha ese plan y "traerlo" del mundo invisible al mundo real por medio de tácticas y estrategias. Y por último el resultado será recibir las ganancias de esos esfuerzos y deseos. Parece fácil y sabemos que no lo es.

Como te habrás podido dar cuenta es un proceso, al menos el que hasta ahora conocemos para alcanzar el éxito. Y también es un proceso, pasar del sentimiento de carencia o endeudamiento, al de abundancia y prosperidad, utilizando el ahorro y la inversión como las vías para lograrlo. Recuerda que existen muchos otros factores como el cambio de paradigmas, la constancia, el enfoque, la determinación, etc., que podrán contribuir a obtener el dinero como aliado.

En resumen, cuando alcanzas la libertad financiera, tus necesidades ya están cubiertas. Con la riqueza tienes más que suficiente y con la prosperidad tienes el ímpetu por el progreso y la mejora constante. Piensa en las palabras del filósofo Séneca: "La verdadera grandeza no está en la riqueza, sino en la virtud".

Hacer, tener y ser. ¿Cuál es el orden correcto?

¿Qué es la libertad financiera? ¿Cómo se logra?

¿Qué es la riqueza?

¿Qué es ser próspero?

¿Qué es para ti la abundancia?

®Coach Cards

La divisa

Un poco de historia. En la época medieval, el cambista era una figura esencial para el comercio pues era la persona encargada de entender, comparar y asignar un valor a las diferentes monedas. Imagina por un momento la complejidad para establecer las equivalencias a dichas monedas pues existían en esa época, un sin fin de reinos con sus propias características políticas, económicas, sociales y geográficas. La dificultad se incrementaba, al intentar asignar un precio para los metales preciosos, como el oro y la plata, además de aceptar depósitos y realizar préstamos.

Sin duda, una actividad esencial para financiar las grandes expediciones de la época, que dieron lugar a la expansión territorial de varios reinos. Un dato curioso: los cambistas se sentaban en mesas y bancos para realizar sus operaciones y cuando el negocio ya no iba bien, rompían su banco y de esta acción deriva el término de "bancarrota".

Regresando a la actualidad, cuántas veces has escuchado: "estoy ahorrando en dólares". La acumulación de moneda extranjera, suele ser otra modalidad de ahorro y puede existir una ganancia (o pérdida) por diferencia cambiaria. Al no ser la moneda de uso común implica un trámite adicional, que es asistir a una casa de cambio para convertir esos dólares por pesos y así poder adquirir los bienes y servicios que requerimos en territorio nacional. Esta simple acción, logra que la divisa permanezca más tiempo en nuestro poder.

El tipo de cambio o diferencia cambiaria existe entre los países por varias razones, pero esencialmente es una: el comercio. Una de las políticas monetarias que se aplica más frecuentemente entre los países, es "devaluar" su moneda, es decir, poner por debajo su valor frente a la moneda de otra economía más fuerte como la de los Estados Unidos o algunos países europeos. ¿Para qué? Simple, para atraer más inversiones y empresas extranjeras que generen trabajos, industrias alternas, pago de impuestos, etc.

Ahora que ya hemos visto una de las formas esenciales de reactivar (poner en marcha), la economía de un país, piensa por un momento ¿cómo las importaciones afectan tu bolsillo?

Por ejemplo: el precio del auto que manejas, el celular que tienes, la ropa que usas, etc., han llegado a incrementarse de valor y por consecuencia, tienes menos dinero o compras cosas de menor calidad. En conclusión, disminuye tu estándar de vida.

Por otra parte, en el caso de México, la India y otros países, ha sido fundamental una actividad que ha permitido que su economía se fortalezca: el envío de remesas. Esto es, el dinero que envían los migrantes a su país de origen. Fruto de su trabajo y de abstinencias, hace que sus familias prosperen en sus pueblos y comunidades por lo que ya comentamos acerca de las diferencias cambiarias: les "rinde más" el dinero proveniente del extranjero.

La próxima vez que veas un producto nacional en el aparador, piensa en el bien que le harás a toda una industria si lo adquieres, y no sólo eso, a tu país y por consecuencia a tu propia economía.

¿Qué son las remesas?

¿Cuánto tardarías en ahorrar cien mil dólares?

¿Cuándo fue la última vez que tuviste un billete de 100 dólares en tu mano?

¿Por qué existen diferencias cambiarias en las divisas?

¿Cómo afecta el tipo de cambio en tu economía?

®Coach Cards

LA INVERSIÓN

Las buenas cosas toman su tiempo. Estrategia y paciencia te llevarán al siguiente nivel.

El negocio

Cuando empleamos nuestro dinero y tiempo en un proyecto con la idea de obtener una ganancia económica, es que estamos invirtiendo. Todos hemos pensado poner en marcha, el negocio de nuestros sueños y quizá en algún momento de la vida, hayamos emprendido y tratado de cristalizarlo con todo nuestro empeño, ilusión y por supuesto, recursos para que sea exitoso. Aunque sabemos que la voluntad no es suficiente.

Antes de tomar el riesgo de empezar con un proyecto económico, es conveniente realizar un estudio de mercado donde puedas analizar que sea viable, es decir, donde tu producto o servicio tenga la suficiente demanda como para que el público objetivo, pueda pagar el precio que le asignaste aún considerando el factor de la competencia.

En la región dónde vives, ¿cuántos negocios nuevos has visto? ¿cuántos ya han cerrado? ¿cuáles permanecen y por qué? Aparte de una gran determinación para empezar y una buena idea mercadológica, lo esencial es cubrir una necesidad insatisfecha. Por ejemplo, ¿te has dado cuenta que hay locales comerciales, con largas filas esperando comprar sus productos?

Para que los consumidores estén dispuestos a separarse de su dinero, es porque han encontrado un producto o servicio de un mayor valor por el que pagarán (al menos en su percepción). Algunas de las razones son las que se conocen en mercadotecnia como las 4 P's, que son: el precio, el producto (calidad, sabor, rapidez, diseño, cantidad, etc.), la plaza (facilidad para llegar, estacionamiento, entrega a domicilio, etc.) y la promoción (publicidad, descuentos, regalos, muestras, reembolso), etc.

El servicio es otro de los valores fundamentales. Te has preguntado ¿por qué compras una marca en particular? o ¿por qué regresas al mismo restaurante o tienda? Seguramente tiene que ver con el trato que recibiste o que grado de bienestar sentiste en ese establecimiento. Esto se conoce como experiencia y no sólo ha quedado grabada en tu memoria sino que, le contarás a la gente y te convertirás en su promotor (publicidad de boca en boca).

Recuerda que al invertir en un negocio existen riesgos y por supuesto oportunidades. Habrás de darte un plazo de tiempo razonable, para determinar la conveniencia de permanecer o moverse hacia otra actividad económica. Todo negocio tiene como objetivo generar ganancias, crecer y que en algún momento se vuelva autosustentable, es decir, que tengas un sistema en el que no necesites estar presente para que funcione.

Habrá quién prefiera no innovar, disminuir el riesgo y comprar una solución "llave en mano" mejor conocida como franquicia. En cualquiera de los casos, las pymes (pequeñas y medianas empresas, son un factor preponderante para las naciones pues generan la mayoría de los empleos y contribuyen a su desarrollo económico.

"Estoy convencido de que lo que separa a los emprendedores exitosos de los que no han tenido éxito es puramente la perseverancia". Steve Jobs.

¿Cuál sería una razón para invertir en una franquicia?

¿Qué tipo de negocio te gustaría tener?

¿Qué problemas podrías resolver con un negocio?

¿Qué es el costo de oportunidad?

¿Tienes algún producto o servicio que podrías vender?

®Coach Cards

Los bienes raíces

El valor de la tierra ha sido por siglos símbolo de riqueza. En los grandes reinos con sus latifundios o en los países actuales que buscaron incrementar sus colonias, el deseo de conquista por mayor expansión territorial no tiene fin. ¿Cuáles son las razones para tener más espacio? Algunas de ellas pueden ser: comodidad, seguridad, valía, poder, etc.

¿Qué características tomas en cuenta al adquirir una casa, departamento, local o terreno?

Sin duda la primera consideración será si vivirás allí o no, pues de ello dependerá si lo que vas a comprar es una inversión. Otros factores importantes son el tipo de construcción, los metros cuadrados, número de recámaras, acabados y si cuenta con estacionamiento. Por supuesto que la ubicación es esencial al momento de valuar una propiedad: cercanía a avenidas principales, centros comerciales y escuelas. Finalmente, las comodidades que incluya como: alberca, aire acondicionado, elevador y gimnasio.

La plusvalía de los bienes raíces, es decir, su aumento valor y lo que el mercado está dispuesto a pagar, además de estar determinada por lo antes mencionado, será si al momento de vender se podrá conseguir el precio que se pagó más un porcentaje de ganancia. Reflexiona la importancia de lo siguiente: al ser activos fijos, se llevará más tiempo convertirlos en dinero (liquidez).

Los bienes raíces pueden llegar a ser el desembolso más grande que realicé una persona en vida. Son parte de su patrimonio y por ello, la importancia de blindarlos jurídicamente (por ejemplo a través de un testamento), financieramente (con un seguro residencial), y operativamente (con un mantenimiento constante).

Para determinar el monto que pagarías en una hipoteca, existe una fórmula sencilla de amortización que es: $P = Ci / 1-(1 + i)^{-n}$. "P" es la incógnita o monto que pagarías mensualmente por el crédito hipotecario, "C" es el capital o dinero que te prestan, "i" es la tasa o porcentaje que pagas por el préstamo del dinero y "n" el plazo o tiempo que dura la deuda.

Pongamos un ejemplo. Suponiendo que decides comprar un departamento que tiene un valor de $2,000,000 y das un enganche del 10%. El préstamo hipotecario es de $1,800,000 a 20 años, es decir 240 mensualidades, y a una tasa del 10% anual. Al sustituir la fórmula quedaría: $P = 1,800,000 (.10) / 1-(1.10)^{-240}$ el resultado nos da $17,370 pesos, que son los pagos mensuales que realizarías.

Nuestra recomendación es, liquidar lo antes posible tu hipoteca con el fin de poder seguir comprando más propiedades. La inversión en bienes raíces es probablemente una de las más redituables y que además, puede trascender. Hay muchas familias en la actualidad, que gozan de libertad financiera gracias a los bienes heredados de los padres, abuelos o incluso de generaciones más antiguas. También tú puedes comenzar tu propio legado.

Piensa en esto por un momento, puedes comprar casas y repararlas, para después venderlas a un costo mayor. Puedes rentar tu departamento por años, meses y hasta semanas (a través de plataformas de corto alojamiento). Otra idea es, construir locales comerciales en un terreno que tengas, y así obtener un sistema de rentas.

¿Cuánto tarda una persona en pagar su casa?

Explica la plusvalía de los bienes raíces.

Completa la frase: "El éxito económico es…"

¿Qué papel juega el servicio en la relación precio-valor?

¿A qué se debe el éxito del mercado inmobiliario?

®Coach Cards

La bolsa

El mercado financiero, al igual que un mercado "sobre ruedas", es un lugar (que puede ser físico o virtual), para comprar bienes o servicios. Al recorrer los pasillos verás que hay diferentes ofertas, por ejemplo el limón que tiene distintos precios. ¿A qué se debe? Pueden ser muchos factores: la región desde dónde se trae este cítrico, la temporalidad de la cosecha, la cantidad que se produjo, la relación con los intermediarios, etc.

Lo mismo pasa con otros productos, pero que se comercializan a través de la bolsa. La bolsa es un mercado bursátil, es decir, aquí se van a comprar y vender productos (que llamaremos valores) como: acciones, deuda, fondos de inversión, ETF 's (Exchange Traded Funds) y fibras.

Hoy en día cualquier persona puede comprar valores en la bolsa de una manera rápida y segura utilizando distintas plataformas tecnológicas, o desde la palma de su mano utilizando las aplicaciones de su celular. Lo importante será que te informes antes de tomar una decisión, sobre qué aplicación utilizarás de alguna empresa financiera, que valores comprarás o venderás y sobre todo, en qué momento lo realizarás.

Las empresas, para seguir creciendo en ventas, expansión de mercado, enfrentar a la competencia y los cambios político-económicos, necesitan financiar sus proyectos. Entonces acuden a la bolsa a ofertar sus valores, por ejemplo sus acciones, para que los grandes y pequeños inversionistas las compren y en el tiempo puedan obtener un rendimiento.

¿Y qué son las acciones? Bueno pues son fracciones del capital de una empresa, y si llegas a comprar algunas acciones por ejemplo de Grupo Modelo, pues eres también dueño en menor medida, pero al fin y al cabo dueño. En el largo plazo, digamos de cinco años en adelante, obtendrás una ganancia sustancial de la inversión que realizaste en sus acciones pues sabes que, esta compañía es experta en la distribución, operación y promoción de cerveza.

Como te habrás dado cuenta, hay varios factores determinantes a revisar antes de invertir en una empresa: La liquidez, que son las implicaciones que conlleva convertir los valores bursátiles en efectivo. El horizonte de tiempo, que como ya hemos mencionado, a mayor plazo la ganancia tiende a incrementar. El rendimiento, que es la ganancia (o pérdida) que obtienes, de la diferencia entre comprar y vender tus acciones. Y finalmente el riesgo, que es no tener la garantía de obtener un rendimiento determinado, y que es un tema que abordaremos a profundidad más adelante.

La bolsa no es un lugar de apuestas y en ocasiones la cantidad de información que va y viene en redes sociales, puede confundir al inversionista principiante o hacer que parezca difícil realizar las transacciones. Incluso crear la expectativa de ganar dinero fácil y rápido. No nos cansaremos de repetir que antes de tomar una decisión financiera, debe estar sustentada en fuentes confiables de información. Recuerda: la inversión no es suma es multiplicación.

Dinos algo sobre la bolsa de valores.

¿Puede la tecnología mejorar tus finanzas?

¿De qué forma podría el dinero trabajar para ti?

¿Qué utilidad económica tienen actualmente las redes sociales?

¿De qué manera puedes llegar a más consumidores en menos tiempo?

®Coach Cards

El riesgo

En chino, la palabra crisis es un ideograma (WeiJi), que se compone de dos caracteres: riesgo y oportunidad. Estas dos palabras también deberían ir juntas en el español. Pero a la mente no le gusta tomar riesgo alguno pues lo asocia con peligro y prefiere siempre tomar el camino conocido. Aunque de esta forma, nos estaríamos limitando del universo de oportunidades por no tomar riesgos.

El riesgo siempre conlleva oportunidades y peligros. En este sentido, es esencial medir las consecuencias al momento de tomar decisiones, así como de anticiparse a los posibles escenarios que podrían suceder y lo más importante, tener un plan de acción. Reflexiona por un momento: si el ser humano no hubiera tomado riesgos (con las consecuencias que implicaban), no hubiera cruzado el estrecho de Bering durante las glaciaciones, navegado por el océano atlántico en carabelas ni viajado a la luna en naves espaciales.

En el mundo financiero, también se corren riesgos esperando encontrar oportunidades. Al igual que en la vida, no existen decisiones correctas o incorrectas sino convenientes de acuerdo a las circunstancias del mercado, la experiencia y el conocimiento que se tenga sobre inversiones, así como el tiempo en que se decidan realizar. Es simple, al decidir por una opción se dejan otras de lado y renuncias a ellas.

Una herramienta que nos permite valorar las decisiones más convenientes es la volatilidad. Cuando hay muchos cambios de precio en los instrumentos de inversión, en un periodo corto de tiempo, se dice que hay alta volatilidad. Entonces el riesgo es más alto al momento de tomar una decisión. En cambio, cuando hay menos variaciones de precio durante un periodo más largo, hay baja volatilidad y el riesgo es menor.

Lo más importante será diversificar o como dice el refrán: "no pongas todos los huevos en la misma canasta". Tener un portafolio de inversión con diferentes opciones como bonos, acciones, fondos, en diferentes monedas y en compañías de distintos giros, te ayudará a disminuir el riesgo. Recuerda: las ganancias del pasado no garantizan las ganancias del futuro.

La inflación también es un factor determinante a considerar en las inversiones. Mantener el valor adquisitivo, es decir, que podamos comprar las mismas cosas cuando pusimos a 'trabajar' el dinero que cuando lo retiramos. La idea esencial, también será obtener un porcentaje de ganancia.

Por otro lado, actuar con extrema mesura nos llevará a obtener mínimas ganancias e incluso a que nuestro dinero pierda dicho valor adquisitivo. Aquí un ejemplo: Si inviertes $300,000 en un banco que te ofrece una tasa de interés por un año del 3% recibirás $309,000. Pero si la inflación fue del 4%, entonces tu valor adquisitivo debió ser de $312,000. En este caso, tendrás una minusvalía de $3000.

Actuar con prudencia y tomar riesgos controlados basados en información de fuentes confiables, así como pensar en el mejor y peor escenario, también pueden ayudarte a tener la perspectiva sobre las mejores decisiones. Esperar a que las situaciones se "acomoden" por sí solas, es una quimera. Reflexiona: no tomar riesgos, también es un riesgo.

¿Cuánto vale un billete?

¿Qué piensas sobre los bancos?

¿Cómo afecta la inflación a tu economía?

La preocupación por el dinero, ¿es contagiosa?

"La gente rica se enfoca en las oportunidades" ¿Qué opinas?

®Coach Cards

El mundo

Te has preguntado ¿cuánto dinero hay en el mundo? Sin duda, una respuesta con muchas aristas. Hace mucho tiempo se contabilizaba en monedas, después en lingotes de oro, y luego en billetes. Hoy es digital, casi $60,000,000,000,000,000 de dólares. Es una cifra con muchos ceros ¿no es verdad? Un dato curioso: sólo el 1% de la población mundial tiene un patrimonio mayor al millón de dólares.

Tanto países y empresas al igual que las personas, buscan en dónde invertir. Un concepto esencial para conseguir las mejores condiciones de inversión, es el "nearshoring". Acercar las industrias a los países de mayor demanda es el reto. Además de reducir los costos de mano de obra, transporte, impuestos, la velocidad con que se entreguen los productos hoy en día, ha cobrado más relevancia que nunca.

Los tratados internacionales de libre comercio, también han facilitado los trámites aduanales de productos y servicios provenientes de los diferentes países, disminuyendo los aranceles (impuestos a importaciones) y el dumping (prácticas desleales), con la intención de tener un comercio más justo. ¿Y por qué es importante? Porque el consumidor tendrá los mejores productos en calidad y precio. Además de que la mano de obra se especializa y se vuelve más competitiva.

México y Canadá, por poner algunos ejemplos, tienen una ubicación geográfica privilegiada para comercializar con el país más rico del mundo, que son los Estados Unidos. La globalización, el trabajo a distancia, la tecnología, así como el crecimiento de empresas de logística y "retail", han permitido agilizar la toma de decisión de los consumidores para adquirir los productos y servicios a sólo un clic de sus deseos.

El desafío de entregar las mercancías cada vez más rápido, implica también mayor consumo de energía: electricidad, gas, combustible, etc. De ello se desprende una última idea, acerca de otra inversión fundamental: la investigación. Atender las necesidades de energías limpias, cuidado del medio ambiente, de la salud, la desigualdad económica y la sobrepoblación.

Por otro lado, nos estamos llenando de "cosas". Date cuenta en las estanterías de los supermercados y las vitrinas de los grandes almacenes. Quizá sean productos que jamás se consuman o se utilicen. ¿Cuánto es suficiente? Tal vez es el momento de analizar modelos de distribución de la riqueza que permitan no sólo satisfacer nuestros deseos inmediatos sino crear mayor empatía con los más vulnerables.

Un ejemplo de ello, es el ganador del Premio Nobel de la Paz 2006, Muhammad Yunus. Fue el fundador del banco Grameen (banco de los pobres), que es el mayor instituto financiero rural de Bangladesh y otorga micro créditos sin garantía, sólo basados en la confianza. Tiene más de dos millones de clientes, y más del 60 % ya han superado la pobreza. En sus propias palabras: "Tienes que hacer algo para asegurar que este planeta siga existiendo. ¿Has pensado en el mundo que tendrán tus nietos?"

¿El dinero sobra o falta en el mundo? Comenta.

¿Qué opinas de los impuestos?

¿Qué es la oferta y la demanda?

¿Qué productos de tu país consideras tienen más éxito en el extranjero?

¿Qué es la competencia desleal en los mercados internacionales?

®Coach Cards

El balance de tu vida

Existe un concepto en contabilidad llamado balance, que muestra cómo se encuentra financieramente una empresa a una fecha determinada. Se compone de activo, pasivo y capital. En este documento puedes ver, que del lado izquierdo está el "activo" que es el efectivo y los bienes con que se cuenta. Del lado derecho, está el "pasivo" que son las deudas y el "capital" que es la diferencia que resulta entre lo que se tiene y se debe.

Realiza el siguiente ejercicio: Dobla una hoja en dos partes y suma los siguientes conceptos:

(+) Activo	(-) Pasivo
Dinero en efectivo	Deudas en efectivo Tarjetas de crédito
Inversiones	Hipoteca
Inmuebles: casas, terrenos, locales	Autofinanciamiento
Autos, motos	Préstamo prendario
Joyas y arte	Capital de trabajo
Negocios	Becas educativas
Educación y viajes	Otros
Otros	
	(=) Capital
TOTAL	TOTAL

¿Qué observas? ¿Qué tienes más activos o pasivos? ¿Te sale positivo o negativo tu capital? Recuerda que el capital es tu patrimonio. Reflexiona un momento: ¿cuántos años has trabajado? Si multiplicaras tu sueldo de quincenas o meses por los años trabajados, ¿a cuánto asciende esa cifra? Digamos que es todo el dinero que ha pasado por tus manos. ¿Qué has hecho con ese dinero?

Recordando el tema del presupuesto, hagamos el siguiente ejemplo: Suponiendo que has trabajado 20 años con un sueldo de $40,000 mensual, eso equivaldría a $10,000,000 aproximadamente. Entonces habrías pagado el 30% de una hipoteca, 10% en gastos fijos (servicios), otro 30% en gastos variables (estilo de vida), 20% habrías invertido en educación o negocios y 10% en ahorro. Esto es $10,000,000 (ingreso) - $4,000,000 (gastos fijos y variables) = $ 6,000,000 (patrimonio) que sería el valor de tu casa, de tu negocio y del ahorro.

Al igual que con las empresas, también las personas pueden determinar su situación económica actual utilizando el balance. ¿Y para qué me sirve? Pues es una forma de determinar qué tan sanas están tus finanzas, qué tan buenas decisiones has tomando y cómo podrías mejorar en cada rubro.

Si no tienes el 50% o más de patrimonio de todo el dinero que has obtenido como ingreso en 20 años, es hora de hacer ajustes en la reducción de deudas y gastos, así como empezar a incrementar los activos a través de las inversiones y el ahorro. Tener finanzas sanas consiste en lograr un balance entre tus números y tu estilo de vida.

¿Qué es una inversión?

¿Cuál es la diferencia entre sueño y meta?

¿Coleccionas algo? Comparte cuánto has invertido.

Explica la plusvalía de los metales preciosos y obras de arte.

¿Por qué las mismas cosas llegan a tener precios tan diferentes?

®Coach Cards

El sentido del dinero

Digamos que otra forma de invertir es el sentido humanitario, que en esencia puede que no deje ganancias económicas pero sí una recompensa moral. Después de la muerte, nadie se lleva algo material y si existiera un "más allá", en tu "maleta celestial" llevarías sólo el recuerdo de lo que diste a los demás o experimentaste en vida. Alguna vez has escuchado que "los bienes son para remediar los males", pues en ese sentido, la filantropía puede ser el valor más grande de la humanidad.

Cuando llegamos al mundo fuimos provistos de varias bendiciones: un hogar donde vivir, cobijo, alimento, atención, cuidados, cariño, pero principalmente una familia, una comunidad donde sentimos protección y pertenencia. De igual forma, también al morir requerimos de asistencia médica, legal, espiritual y fraternal, ya que somos seres frágiles y necesitamos de la ayuda de los demás. El sentido de vulnerabilidad nos hace ser compasivos.

Ya sea de manera organizada o de manera personal, todos en algún momento hemos mostrado generosidad. En esencia, no se trata de la moneda que se da como paliativo, sino de reconocer el sufrimiento de otra persona, de ser empático con su causa y lo más importante, que sepamos que nadie debe parecer invisible. En palabras de Martin Luther King: "No me duelen los actos de la gente mala, me duele la indiferencia de la gente buena".

Una de nuestras anécdotas favoritas y que ejemplifica la fuerza de uno, es la de Bob Geldof. Era el año de 1984 cuando una hambruna azotó al país de Etiopía derivada de una larga sequía. Las escenas que aparecían en el noticiero de la televisión eran dantescas: miles de familias caminando por el desierto, intentando llegar a los campamentos para recibir un poco de alimento.

Bob, el cantante irlandés, llegaba a su casa después de un momento complicado, pues los contratos musicales ya no se estaban firmando como en el pasado y su familia crecía. Algo en la pantalla "chica" llamó su atención y desvió su pensamiento haciéndole olvidar sus problemas. El enviado especial de la BBC en Etiopía, imploraba con un grito de impotencia demandando ayuda a través de las cámaras: "Que alguien haga algo".

A la mañana siguiente, Bob hizo un par de llamadas a algunos de sus amigos de la farándula del rock, con la intención de reunirse y lanzar un disco para la época decembrina, y así recaudar fondos para la causa. La respuesta fue un éxito pues el día de la grabación, Bob había reunido a decenas de músicos británicos para cantar la célebre canción "¿Sabrán ellos que es navidad?"

Fue tal el éxito a nivel mundial, que el álbum dió origen a un suceso de proporciones nunca antes vistas: Dos conciertos simultáneos en Londres y Filadelfia con un carrusel "sin fin" de artistas que entretuvieron a la audiencia presente en los estadios y a través de la transmisión en vivo a más de 100 países. El resumen fue: 3000 millones de televidentes, 150 millones de libras recaudadas y dos millones de personas beneficiadas.

Si has sentido esa fortuna de recibir buenas cosas, aún sin pedirlas, y reconoces dentro de ti un profundo sentido de agradecimiento, entonces ha llegado el momento de que pongas toda esa abundancia en acción.

¿Es posible hacer el bien con el dinero? Comenta.

¿Haces donativos? ¿Cuáles?

Si tuvieras un millón de dólares, ¿qué harías?

¿Cuál sería el mayor acto de generosidad?

¿Quién para ti es un auténtico filántropo?

®Coach Cards

La educación

Para el último capítulo, quisimos dejar el tema más relevante en las finanzas: la educación. Este libro también tiene la intención de mejorar los conceptos que sobre educación financiera hemos aprendido. La educación debe ser continua pues en ese sentido, no sólo nos mantenemos actualizados sino que también nos convertiremos en expertos del tema.

Se tiene la creencia de que estudiar una carrera universitaria, es la "cuña" que sostendrá todo nuestro desarrollo profesional. Pero habrá que desarrollar nuevas habilidades que el mercado laboral demande como: ventas, liderazgo, comunicación, confianza, relacionamiento, creatividad, etc., para ganar los lugares más privilegiados en un mundo que evoluciona a gran velocidad.

Piensa en esto por un momento: cuando le preguntes a tus hijos acerca de cómo funcionan las cosas y no lo quieres investigar por tu cuenta, entonces comienzas un proceso de estancamiento. Evita decir frases como: "así soy", "ya fui a la escuela", "me cuesta mucho trabajo", "así me enseñaron". Sólo la curiosidad nos permite tener una actitud de "aprendiz eterno".

Pregúntate ¿qué le estás enseñando a tus hijos? Porque tal vez, ya es tiempo de que sepan que vivir en la abundancia es posible y está bien. Que se familiaricen con los conceptos fundamentales y se sientan cómodos al hablar de dinero en casa, la escuela y a dónde quiera que vayan.

Invertir en la educación financiera, siempre será una buena idea. Asiste a cursos, conferencias, seminarios, adquiere libros sobre economía y finanzas (y por supuesto leelos). Rodéate de personas para quienes hablar de dinero, sea un tema cotidiano.

Desvinculate de una vez por todas del paradigma: "tanto tienes, tanto vales".

Siempre habrá crisis económicas. Ya has experimentado algunas de ellas. Pero entre más informado y preparado estés, mejores decisiones podrás tomar sobre cómo administrar tu patrimonio, aún en épocas de adversidad. Intenta alcanzar tu libertad financiera, y en el proceso, disfruta esa agradable sensación de saber que tienes mayor inteligencia acerca del dinero, que tienes finanzas sanas, eso que se conoce como "bienestar financiero".

Estamos convencidos que la educación financiera permite la igualdad de oportunidades al obtener mejores trabajos, aspirar a tener una casa propia, mejores universidades para los jóvenes. Que abre el panorama de los emprendedores para ser más competitivos y que nuestros líderes políticos, sepan que una sociedad informada, contribuye al desarrollo económico.

Ya aprendiste en este libro sobre: cuestionar las creencias, diversificar el ingreso, gestionar el gasto, utilizar el crédito, construir el ahorro y crecer las inversiones. Ahora te toca convertirte en un promotor de la educación financiera. Comparte la información que aquí adquiriste. Cambia tu discurso que sobre el dinero tenías. Cuéntate una mejor historia.

Gracias por leer este libro. Te deseamos mucho éxito en este regreso a la abundancia.

¿Inviertes en educación?

¿Puede la educación ayudar a erradicar la pobreza?

"Una persona educada puede obtener todo lo que quiera". ¿Qué opinas?

"Vacía tus bolsillos en tu cabeza y tu cabeza llenará tus bolsillos". Comenta.

¿Cómo te ayudaría un curso de finanzas personales?

®*Coach Cards*

UNA COSA MÁS...

Por haber adquirido este libro, ¡tienes una asesoría gratuita!

Para agendar una asesoría de coaching financiero con Silvia Franco, envía un mensaje de wa al teléfono 5534813745

Para agendar una asesoría de pensiones o inversiones con Jorge Meraz, envía un mensaje de wa al teléfono 5528461901

También nos puedes escribir al correo: elregresodelreymidas@gmail.com

ACERCA DEL AUTOR

Silvia Franco Carbajal

Contadora de profesión. Profesora de Inglés Empresarial. Diplomada en PNL y certificada en Coaching Ontológico. Fundadora de DADO (Desarrollo Acelerado de Objetivos) y autora de la herramienta llamada "Coach Cards". Conferencista en Habilidades Gerenciales.

ACERCA DEL AUTOR

Jorge Meraz Díaz

Administrador de profesión. Diplomado en Ventas, Educación Financiera y Estrategias de Inversión. Coautor de la herramienta llamada "Coach Cards". Certificado en Desarrollo de Cursos de Formación en Línea. Agente Promotor de Afore y Asesor Profesional de Seguros.

www.ingramcontent.com/pod-product-compliance
Lightning Source LLC
Chambersburg PA
CBHW071929210526
45479CB00002B/610